古代東国の仏教

法相宗徳一の教化を中心に

内山純子

青史出版

はじめに

奈良仏教から平安仏教への推移の過程に、『日本後紀』などの正史には名をとどめていないが、真言宗の空海から密教弘通の援助を求められ、天台宗の最澄と宗義上の論争(＝三一権実論争)を行った法相宗《ほっそうしゅう》の僧・徳一がいる。

朝廷との対立が長く続いた東北北部に、本格的な仏教が伝わったのは坂上田村麻呂によって胆沢城《いさわじょう》が建てられ、蝦夷との対立に一応の決着がついた延暦二一年(八〇二)以降とされているので、こうした面からも徳一の東国での教化は大きな意義をもっているといえよう。

徳一は、弘法大師空海(七七四〜八三五)・伝教大師最澄(七六七〜八二二)らとほぼ同じ時代、奈良時代から平安時代初期にかけて生存した法相宗の僧侶である。弱冠にして東国へ下り、筑波・いわき・会津を中心に教化し、筑波山寺(中禅寺、茨城県つくば市)・会津勝常寺(福島県河沼郡湯川村)・恵日寺(福島県耶麻郡磐梯町)を中心に多くの寺を建立した。空海からは「菩薩」と尊称され、東国の民衆からは「化主《けしゅ》」(教化の主、仏)と慕われている。

筆者が徳一について研究を始めたのは三〇年以上前になる。昭和五七年『茨城史林』第一〇号に「常陸における古代仏教—法相宗徳一の東国布教を中心にして—」を報告し、平成二年に

刊行した『東国における仏教諸宗派の展開』(そしえて)に収録した。その後、天台宗の研究が中心になったこともあって、徳一への思慕を持ち続けながらも研究を中断していた。しかし徳一の教化が今なお人びとの心の中に生きていることを痛切に感じている。あらためて東国に教化した法相宗徳一の足跡をまとめておこうと思った所以である。

令和元年一〇月七日

著　者

目次

一　徳一以前の東国の仏教

蝦夷との対立が長く続いた東北北部に仏教が伝わったのは、坂上田村麿によって胆沢城《いさわじょう》が建てられ、政府と蝦夷との対立に一応の決着がついた延暦二一年（八〇二）以降と考えられているので、延暦・大同年間を中心にした徳一の東国での教化は、本格的な仏教の関東・東北への伝播という意味からも重要な事績である。

まず徳一の教化以前に、関東・東北地方に仏教が伝えられていたことに留意しておきたい。

・持統元年（六八七）、帰化した高麗の人五六人を常陸国においている。

持統天皇（元年丁亥）三月乙丑朔卯。以投二化高麗五十六人一、居二常陸国一。賦レ田受レ稟使二安生業一

（『日本書紀』巻卅）

・霊亀二年（七一六）五月、駿河・甲斐・相模・上総・下総・常陸・下野七国の高麗人一七九九人を武蔵国に遷し、初めて高麗郡を置いている。

（霊亀二年）辛卯。以駿河・甲斐・相摸（模）・上総・下総・常陸・下野ノ七国ノ高麗人千七百九十九人ヲ遷二ソ于武蔵国一。始置二高麗郡一焉

（『続日本紀』巻七、元正天皇、霊亀二年五月）

このように百済・高句麗・新羅の人びとが渡来し、東国の地に根付いていったことは、仏教の日本公伝や、行基や満願の教化に先立って、仏教を受け入れやすい地盤がすでにできていたことを証左しているように思える。

菊池利夫氏「常陸国河内郡金田・花室条理的地割遺構の研究」では、八世紀初頭に古代仏教を信奉する畿内豪族によって、この地域に阿弥陀・観音信仰が招来され、条里地割と水田拡張に際して、古神道と古仏教が巧みに習合されていたことを紹介しておられる。

●小貝川の上流五行川と鬼怒川に挟まれた台地・下館市街中舘（茨城県）に延命観音で近在の信仰を集めている施無畏山延命院観音寺（天台宗）がある。この延命観音には、用明天皇（三一代）の代に梁国伝来の化人法輪独守が安置したとの伝えがあり、武州義鳥県の下に化生、自ら観音の像を彫り、日本に渡来し、この伊佐中村の地に着き、天の告げに任せて尊像を安置したと伝える（中舘観音寺には、大同元年徳一が刻んだ不動・毘沙門を本檀の左右に安置したとの伝えがある）。

梁国伝来の化人法輪独守については、中郡楽法寺（茨城県桜川市本木）にもその伝えがあり、法輪独守が本尊延命観音を背負って、この地に至ったとするもので、本尊は異形の菩薩立像で九世紀の作と考えられている。

早川征子氏は、会津にも梁の青岩が創いたとの伝承があり、中央からの仏教を受け入れる基盤として支那三韓直輸入の仏教が会津盆地に繁栄していたことの可能性を指摘されている。

・『常陸国風土記』に、「国宰川原宿禰《かわらのすくね》黒麿《くろまろ》の時、大海の辺《ほとり》の石壁《いわね》に観世音菩薩の御像を彫り作りき。今に在り、因りて仏の浜と号く」とあり、持統朝(六九七)以前に、常陸国守の川原宿禰黒麻呂が陸奥国の海道の蝦夷の鎮圧を祈って、多賀郡道前里《みちのくちのさと》飽田《あきた》村の石壁に観世音菩薩を彫像したことを記している。観音信仰がこの地に入り込んだ古い例である。現在石壁の観世音菩薩を見ることはできないが、「仏の浜」は現在の日立市小木津町の太田尻の海岸で、観音像は小木津駅から田尻浜に行く途中の度志前にあった度志観音に比定されている。小木津については、陸奥国との境を画する地と考えられており、日立市小木津の小字相田がその遺称地と考えられている(日立市小木津は古代の道口郷で、源義家の伝説が残り、小木津泉福寺には徳一開基の伝えがある)。

・天平一三年(七四一)三月、国分寺造立の詔が出され、常陸国国分寺・国分尼寺が石岡に造立されている(石岡市若宮天台宗東耀寺に徳一開基の伝がある)。

・天平勝宝八年(七五六)以前に、僧満願が鹿島神宮寺を造立している。

鹿島神宮寺大中臣広年の解《げ》に称《いわ》く「天平勝宝年中(七四九~七五七)修行僧満願此部《このくに》(常陸

国）に到来し、神のために発願し始めて件の寺を建て、大般若経六百巻を図画し、住持すること八箇年にして去った」と記す。

満願は、広く諸国を遊歴した僧で、在地の神々と仏教を習合させ、神宮寺創立や神像製作に大きな役割を果たしたと考えられている。弘仁七年（八一六）一〇月二四日、勅に応じて上京の途中に三河国揚那郡（愛知県八名郡）に九七歳で没した。

満願が鹿島神宮寺で仏像を図画し、多度神宮寺で神像をつくったとの所伝は、官寺の造仏所とは離れ、まったく新しい場所で仏像・仏画類の製作がはじまったことを示している。とくに神像を製作し、当時それを社殿に奉安する風がひろまったことは神祇信仰にとっても革命的なことであり、神仏習合の面からも注目したい所伝である（鹿島の神宮寺については、はじめ三論宗の寺として開かれ、一説に、のち法相宗に転じたといわれている）。

天平宝字五年（七六一）下野薬師寺・筑前国観世音寺に戒壇が設けられ、東大寺の戒壇とともに天下の三戒檀となり、僧尼となるものは、この三戒壇で登壇受戒を果たさなければならなかった(1)。

こうした基盤に、国の力によって行われた国分寺などの仏教文化とはちがって、純然たる民間の仏教者としての立場で、筑波・会津地方を中心とした東北の人々に仏の教えをひろめ、仏教興隆をもたらし、人びとを教化したのが徳一であったと考えられる。

二　徳一の出自とその学問

徳一の出自については諸説があるが、『南都高僧伝』・『本朝高僧伝』・『私聚百因縁集』・塩入亮忠氏「徳一法師雑考」・『尊卑分脈』などの記載に従って、藤原仲麿の末子と特定しておきたい。天平勝宝元年（七四九）の誕生[2]。

父仲麿は仏教への帰依が深く、興福寺・東大寺への外護があつかった。兄浄弁（久須麿）・兄刷雄《よしお》（徳一と同母兄）も早くから仏教に帰依し、刷雄は鑑真とも親交があった。こうしたことから徳一は幼少期から東大寺・興福寺で特別な立場で学問に専心できたのであろう。

天平宝字八年（七六四）藤原仲麿の乱によって、家系は族滅の道をたどったが、この中で六男刷雄は「独り第六子刷雄のみ少《わか》きより禅行を修するを以て、其の死を免じて隠岐国に流す」と隠岐国に配流となっている。また仲麿の弟巨勢《ほせ》麿の息黒麿は上総に配流になったのではと推定されている。こうした事情を背景に当時一六歳であった徳一も東国に移されたのではと考えられる。塩入亮忠氏は「筑波東土先徳菩薩、恵美大臣の子。故に東土に流す」と説かれる（配流先不明）。

宝亀三年（七七二）七月二日、「恵美刷雄等廿一人、本姓藤原朝臣に復す」と、兄刷雄が藤原氏

図1　徳一関連略系図

- 恵美仲麿
  - 訓儒《くず》　東海道問民苦使《もみくし》。毛野川の洪水を防ぐために天平宝字二年（七五八）改修を提言。
  - 真光
  - 朝狩《あさかり》
  - 真文《まいと》
  - 湯麿《ゆまろ》
  - 薩雄《ひろお》　越前守、従五位下。
  - 辛加知《しかち》　越前守、従五位下。
  - 刷雄《よしお》　越前守、図書頭。正五位下。母従四位下、伴犬養女。
  - **徳壱菩薩**　母刷雄と同じ。初興福寺ニ住。後住奥州恵日寺。彼国大貴号の菩薩。本守の儀により伝教大師を難。嵯峨天皇宸筆をもって伝統の大位を授矣。全身長今に留、不爛壊云々。
- 巨勢麿《ほせまろ》
  - 瀧麿《よしまろ》
  - 黒麿　従四位下　周防守、印幡守
    - 春継　母縣犬養女　貞観一九、三〇歳卒
      - 良尚　母常陸大掾坂上盛女。
        - 菅根　才人・歌人・春宮大夫・文章博士
  - 弓主
    - 宮田　従五位下。母常陸鹿島郡人。
    - 助川　無官。母常陸国久慈郡人。
  - 真作《またなり》
    - 村田　従五位上。常陸国那珂郡人。

（『尊卑分脈』から）

に復すことを許されたころには、徳一も罪を許され、都に戻り、再び東大寺や興福寺で学問に精進することができたのであろう。

徳一の直接の師として知られるのは法相宗興福寺修円である。

「随興福寺修円僧都、稟法相旨。才解後逸、無坑衡者。往東大寺。専任相宗」、「住東大寺、専任法相宗、嘗作法華新疏」、「釈徳一　相宗を修円に学ぶ。かつて本宗により新疏《しんしょ》を作りて、伝教大師を難破《なんぱ》す。相徒《そうと》、これを称《たた》ふ」。

修円は大和の国北谷の出身（小谷氏）。幼時から賢憬《けんきょう》（七〇五～七九三）に従って法相を学び、弱冠を過ぎ、興福寺に入寺した。延暦一三年（七九四）九月最澄の一乗止観院初度の供養会で堂達《どうたつ》（法会の時の役僧）を勤め、弘仁三年（八一二）には真言宗両部灌頂を受法し、空海に弟子としての礼を取っており、天台宗や真言宗に対して理解を示したと考えられている。

図２　室生寺五重塔

修円は弘仁元年（八一〇）に入滅した恵雲《えうん》に代わり、僧綱に補任されている。弘仁一三年興福寺別当に就任し、のち義真に従って顕教を学び、伝法院を開いて深密会を始行した。賢憬が桓武天皇の命を受けて創建した室生山寺は、多忙であった賢憬にかわって

図3　修円廟

実質上は弟子修円が業務を進めたと考えられ、修円は室生山龍穴の祈雨の中心人物であった。当然徳一も修円に従って室生山寺の創建に関与し、この地で研鑽に努めたであろう。

室生山寺は、修円の晩年には比叡山から円修、高野山から空海の弟子真泰が入山し、以後法相宗・天台宗の研学寺院となったという③。

鎌倉時代の正嘉元年（一二五七）愚勧住心が著した『私聚百因縁集』には「得一ハ修因和尚ノ血脈ノ弟子ナリ。和国神野ノ山ニテ励ム。然ルニ、天ノ告ヲ得テ東州ニ修行ス云々ト。此ノ如キノ事、伝授ノ高徳誠ニ甚シキ者也」とある。

徳一については興福寺修円の弟子であるとともに、東大寺僧としての行跡があり、東大寺円超撰「華厳宗疏并因明録」、永超撰「東域伝燈目録」、蔵俊撰『注進法相宗章疏』には「得一、東大寺徳一、奥州徳一」などの表記で徳一撰とする著書名が記されているとのことである④。

最澄の『法華秀句』に、「短翮《たんかく》が自己の系譜を、道昭・比蘇（神叡）・義淵と記し」とあり、

徳一は道昭を筆頭とする日本法相宗の正統を自負していたようである。

道昭（六二九〜七〇〇）は白雉四年（六五三）入唐。玄弉に法相・唯識を、慧満から禅要を学び、白雉六年（六六〇）ころに帰国した。本邦法相宗の初伝。法興寺に禅院を建て、請来した経典を納め、法相宗をひろめ（法相宗第一伝。南寺伝）、晩年は諸国を巡り、各地で土木事業などを行った。

義淵《ぎいん》は元興寺の智鳳に法相・唯識を学び、大宝三年（七〇三）僧正に任じられる。竜蓋寺（岡寺）、竜門寺・竜淵寺を創建したと伝える。門下に玄昉・行基・宣教・良敏・行達・良弁らがおり、いずれも奈良仏教界で活躍した。

比蘇（神叡）は大和竜蓋寺の義淵に師事し、法相・唯識・三論に通暁した。遣新羅使に随従して新羅に移り、帰国後元興寺に住した。

三　徳一の東国下向

最澄『守護国界章』に「弱冠にして都を去り」とあり、徳一は興福寺や東大寺での学問を完成することなく、都を去り、東国に向かったと考えられている。

根本誠二氏⑤は「仲麻呂没後、外護者を失った東大寺・興福寺などの大寺は衰退が激しかった」と説かれ、保立道久氏は「会津に興福寺の荘園があり、経済的な支えになったのでは」と考えられている。司道真雄氏⑥は「興福寺の僧であり、僧綱職の修円が藤原家から、奥州会津郡稲川庄（のちの蜷河庄）へ庄寺建立を委嘱され、弟子徳一に工匠や仏師を添えて下したのではなかったか」と推測されている。

森田悌氏は「徳一は延暦八年（七八九）に自発的に南都を離れ、活動の場を会津の地に求め、寺院内の修学にとどまらず、社会的な実践を行った傑出した僧」として紹介されている（延暦八年の根拠は不明）。田村晃祐氏は、「都の喧騒《けんそう》の地を離れ、空閑《くうげん》の処で静かに座禅して仏教の修行に専念する為に、磐梯山の麓へ移った」と説かれる。追塩千尋氏⑦は『私聚百因縁集』（正嘉元年〈一二五七〉）の「得一は修因和尚ノ血脈ノ弟子ナリ。和国神野ノ山ニテ励ム。然ルニ天ノ告ヲ得テ東州ニ修行ス」を紹介され、「神野寺は行基の創建を伝え、元慶四年（八八〇）陽成天皇が遣使

した南都七大寺の一つで、山岳霊験寺院であった」と述べられている。

『湯川村史』(8)では、「徳一上人の東国入りは、官(奈良朝政府)のもとで、腐敗・堕落した都市仏教に飽きたらず、東国の新天地と真の法権を打ち立てようと東国入りしたもの」とされ、「このことは、弘仁六年(八一五)四月五日付の弘法大師(空海)の徳一上人宛書簡にそれをうかがうことができる」としている。こうした先見のご意見を参考に、徳一の東国下向については次のように考えられる。

- 師修円に従って室生山寺で研鑽に努めていた徳一であったが、修円が最澄や空海から灌頂を受法するなど新来の天台宗や真言宗に理解を示したことに法相僧としての反発があった。
- 教界の堕落をきらい、宗風の刷新と新天地を求めて都を去った徳一は、斗藪して京を離れ、東国に赴き利他や弘道に努めた。
- 常陸国には役行者の跡という八溝山から鷲子山・鶏足山・雨巻山にいたる下野国境の山系から加波山・筑波山にわたる嶺々、さらにそれらを妙見山に分かれて竪割山・石尊山・高鈴山にいたる多賀の嶺々には、古代の山林修行をふまえた修験道があった。山岳信仰に導かれて山林修行にいそしんでいた徳一にとって、筑波山を中心とした常陸国は修行の場としても魅力ある地であった。
- 鹿島の神は藤原氏の氏神であった。藤原仲麿の息としての徳一は、鹿島の神に許しを得て、

仏教の弘通への加護を祈ったであろう（鹿島と筑波の一体感）。

●東国は徳一の流罪地（流罪先は不明）であり、上総には父の弟巨勢麿の息黒麿（上総守）とその息春継（常陸介）がおり、いとこにあたる弓主や真作《またなり》（流罪からの定着か）は常陸国の鹿島・久慈・那珂郡の女性と婚姻を通じて結ばれており、その子供たちは常陸・下総地方で活躍していた。彼らは徳一の東国での教化に力となったであろう。

●会津には藤原氏の荘園稲川荘があり、東国布教の経済的基盤になったであろう。

●延暦・大同年間は、風雨・水旱・地震などの天災地変が頻発し、農民は疾病と飢餓に苦しんだ。こうした自然災害に対して、仲麿の末子としての徳一には、苦しむ農民を救おうという宗教者としての自覚があったであろう（こうした自然災害は当時天のとがめと考えられていた。天譴《てんけん》思想）。

徳一は南都での学問を半ばに、筑波・会津・いわきなど東国に下向した。中央の仏教界と惜別する気持ちが強かったであろうが、同時に東国において奈良仏教再生への願望を持ち続けたであろう。また中央の仏教者と無関係ではなかった。平安時代の仏教は最澄（七六六、一説に七六七～八二二）の天台宗と空海（七七四～八三五）の真言宗開創によって始動したと考えられているが、空海からは真言密教弘通の援助を求められ、最澄とは『法華経』の解釈を中心に激しい論争をかわした。都を離れても、都を代表する学僧とみなされていたのである。

空海は最澄と同時に入唐し、長安で胎蔵界と金剛界両部の密教を相承していた青龍寺恵果《せいりゅうじけいか》に師事して、両部を悉く伝授され、多数の経論章疏《きょうろんしょうそ》・曼荼羅《まんだら》や法具を携えて帰国し、その後京都の高雄山寺(神護寺)を拠点として、密教の流布に努めていた。

天台宗の最澄と真言宗の空海との間には、弘仁三年(八一二)ころには親交が結ばれていた。最澄は空海に密教の借覧や受学を懇請し、弟子を率いて高雄山寺に赴き、空海から結縁灌頂を受けている。しかし弟子の問題を発端として、両者の間にはわだかまりが生じ、弘仁四年一一月には最澄が借覧を申し出たのに空海がこれを拒絶し、最澄と空海の仲は断交した。こうしたなかで、弘仁三年には空海の師であった三論宗大安寺勤操《ごんぞう》も、徳一の師法相宗修円も真言宗両部灌頂を受法し、空海の弟子としての礼をとっている。空海がもたらした真言密教の秘法は、奈良仏教の高僧にとっても魅力あるものであったのである。

弘仁六年(八一五)四月一日、空海は「諸の有縁の衆を勧めて秘密法蔵を写し奉るべき文」を書き、弟子康守を東国に遣わし、香を添えて、徳一に密教経典の書写を依頼している。

陸州徳一菩薩謹空
聞道《きくならく》、徳一菩薩は戒珠《かいしゅ》氷玉のごとく、智海泓澄《おうちょう》たり
斗《と》藪《そう》して京を離れ、錫を振って東に往く、始めて法幢《ほうどう》を建てて、
衆生の耳目を聞示し、大いに法螺《ほうら》を吹いて萬類の仏種を発揮す。

（中略）

空海、大唐に入って学習するところの秘蔵の法門は其の本末だ多からずして、広く流伝すること能はず。衆縁の力に乗じて書写し、弘揚せんと思欲《おも》ふ。所以《ゆえ》に弟子康守を差《つか》はして、彼の境に馳せ向はしむ。付して乞ふ。彼の弘道を顧みて、助けて少願を遂げしなば、幸甚、幸甚。

（中略）

四月五日

陸州の徳一菩薩　法前謹空

徳一に助力を乞うたのは、最澄宛空海書簡「風信帖」に、「私とあなたと修円の三人で仏教の発展を協議したい」とあることからも、空海に理解を示した修円の弟子である徳一の学力を評価してのことであったろう⑨。空海が密教経典の書写を依頼したのは僧侶の中では下野大慈寺広智と徳一のみで、徳一に密教の知識があったことを前提にして——と考えられる。また写経の性格からも、徳一を師とする東国での徳一教団に期待したものであったろう。天長元年（八二四）に七六歳であった徳一は、弘仁六年（八一五）には六七歳に達しており、延暦・大同年間を中心に東国に多くの寺院を開いていた。

空海からの要請に対し、徳一がどのように対応したかは定かでないが、『真言宗未決文十一

ヶ条』を草し、真言教学に疑問をなげかけたと評されている。
『真言宗未決文十一ヶ条』については、『湯川村史』第三章「十一鉄塔に関する疑問」に詳述されているので、ご覧いただきたいが、①結集者、②経を説いた場所、③即身成仏、④五智、⑤二乗に決定していることに関する疑問、⑥発菩提心論注、⑦菩薩の十地に関する疑問、⑧梵字に関する疑問、⑨毘盧遮那に関する疑問、⑩経の巻数に関する疑問、⑪鉄塔に関する疑問に分けられ、「鉄塔に関する疑問」については、釈迦如来滅後八百年に、竜樹菩薩が南天竺の鉄塔に入り、金剛薩埵より受けたものであるとするが、金剛智の説は口伝か文伝か。文伝であればそれを示して欲しい」というものであったという。

これに対し松長有慶氏[10]は、「弘法大師は広略二種の「付法伝」を著して、真言密教の法を次第して伝えてきた付法の系譜を明らかにしているが、このうちの「広付法伝」は密教について無知な溺派子《できはし》が問い、密教に通じた了本師《りょうほんし》が応える形式をもって、龍猛菩薩が南天の鉄塔を開いて、密教を相承したという伝説についての疑問に解明を与えている。これは法相宗の徳一が『真言宗未決文』を著して投げつけた問題に対する回答とも考えられている」と記しておられる。

高橋富雄氏[11]は「空海は『秘密曼荼羅教付法伝』(『広付法伝』)において、その質疑のうちの一つ「鉄塔義」に答えた。しかしそれはあまり明快なものではなかった。そのほかにはまったくふ

れていない。空海としては、これを軽く扱うつもりだったらしいが、歴史的には真言宗内部に禍根を残す結果となった」と述べておられる。

徳一の関東下向と空海との論争について、司東氏は「弘仁元年九月甲寅日、徳一の師法相宗修円は欠員を補うために僧綱に任じられ、その間興福寺別当に任じられている」と説明され、「徳一は陸奥国へ寺を建てる勅許のもとに奈良を離れていった」のであり、こうした事情を背景として考えると、「師修円と空海との関係からも、徳一と空海の間には論争を交わした形跡は見出しがたい」と述べられている。

最澄は法華経による『守護国界』の理想を実現しようとして、全国六か所に法華経を安置する宝塔を建立しようと発願した。全国を法の正義のもとに包みこもうとする「守護国界」の思想に基づいたものである（「六所の宝塔」）。しかし東北を上野・下野で限り、陸奥・常陸は除かれている。これは法相僧徳一が早くから本拠をかまえ教線をはっていたからと考えられている。

弘仁七年（八一七）最澄は鑑真の持戒第一の弟子とされた道忠教団に依拠して東国を巡行しており、同八年から一二年ころまで会津にいた徳一との間に、天台教学が基盤とする『法華経』の一乗思想の価値をめぐって論争が行われた。徳一は『仏性抄』『中辺義鏡』『慧日羽足』などを著し、最澄に比したといわれる。

最澄の『法華秀句』に、「短翮《たんかく》が自己の系譜を、道昭・智通・比蘇（神叡）・義淵と記し」と

あり、徳一は道昭を筆頭とする日本法相宗の正統を自負していた。徳一は能力に応じて異なる三乗教を主張し、最澄は差別のない一乗教が真実であると反論した。小乗仏教である法相宗（奈良仏教）と大乗仏教である天台宗（平安仏教）と、どちらが優位であるかという純粋な仏教論争であるが、この論争は最澄示寂の弘仁一三年まで続けられた。

三一の「一」とは一乗。一切衆生に仏性があり、これを発動・展開して成仏に至るとする教え。「三」とは三乗。小乗の修行者である声聞・縁覚の二乗と、大乗の修行者である菩薩はおのおの別であり、小乗は不成仏で、大乗の菩薩のみが成仏に至るとする。「権実」とは方便（一時的な仮の教え）と真実。

図4　浄法寺緑野教寺（天台宗般若浄土院）境外相輪

最澄は『法華経』などに説かれる一乗を真実とし、三乗を差別する教えは方便の説であると主張した。徳一は五性各別を主張して一乗を方便とした。両者の対立は、最澄が『法華秀句』を執筆した弘仁十二年（八二一）まで続いた。

この論争は、徳一と最澄・二人の学僧間の学問論争という域をはるかに超えたもの

で、法相宗に代表される南都仏教との教理論争と考えることができよう。最澄は奈良仏教に対する非妥協的な精神で、自己の教学の優位さを示し、徳一はたんに仏教者としてだけでなく、戦乱や自然災害に荒廃した人びとを精神面で支えるために、天台宗よりも厳しい実践をくりひろげたであろう。

高橋富雄氏は「草深い関東にあり、新鋭の最澄に対して堂々の論戦をはって一歩もゆずらなかったことは驚くべきことであり、彼の行蹟は古代仏教の辺境開拓の先駆として明記されねばならない」とされている。筆者も「弱冠にして都を去り、興福寺や東大寺での学問を完成することなく東国に移った徳一」が、古代仏教史上の新時代をになう二人の指導者に、『真言宗未決文』や「三一権実論争」を通じて、正面から対決する理論を東北から提起したことに大きな意義があると考えている。

「三一権実論争」は、どちらが優位であるかという問題よりも、この論争を通じて、仏教の趨勢が奈良仏教から平安仏教への流れに移ったことであると一般には考えられている。最澄の死によって、この論争は終末となったが、第二代天台座主安慧が下野薬師寺へ行った時、法相宗の智公と論争を行うなど、平安時代・鎌倉時代を通じて論争がくりひろげられてきた。

最澄が主張していた新たな得度・受戒の制度である大乗戒の独立は、最澄の死後七日に勅許され、翌弘仁一四年に延暦寺は寺号を許され、天台宗は南都から独立した教団となっている。

1　徳一と東国

徳一は常陸国筑波山に山寺をひらき、ここを布教の根本道場として、会津に移り、磐梯山のふもとに恵日寺(勝常寺)を創建、天長元年には会津から筑波山に移り、中禅寺を整備し、会津恵日寺で示寂した。

徳一開創伝承を概観すると、宝亀三年(七七二)常陸国中郡普門院、延暦一五年(七九六)中郡曜光寺(月山寺の前寺)、延暦年間(七八二〜八〇六)筑波山寺を早期の事例として、会津・磐城とともに延暦・大同年間の創建が圧倒的に多い。

宝亀三年七月二日兄刷雄が本姓藤原氏に復したころには、徳一も罪を許され、京に帰り、興福寺や東大寺で本格的な仏教の勉学と修行に励んだと考えられる(二四歳)が、延暦年間には本拠を東国に移し、筑波山寺やいわき・会津を中心に教化していたのであろう。延暦・大同年間の開創伝承が多いということは、空海書状・最澄との論争までに、徳一がすでに宗教的基盤を東国に確立していたと考えることができると思う。

「筑波山四十八ヶ所の霊場を建立す。しかのみならず、国の中に数十ヶ所を建立す。多くは観音・薬師の像なり」(『神名鏡』)とあり、会津定住以前に常陸国山寺を中心に教化し、観音・薬師信仰に基づいた教化が推定されている。徳一は筑波山寺を中心に下野まで教線を伸張し、弘

仁六年(八一五)以降は会津に定住し、空海や最澄から注目されるだけの宗教的基盤を確立していたと考えられる。しかし筑波を去って会津に移った理由は明らかではない。筑波山周辺の外護者の問題、あるいは藤原氏の荘園をよりどころにした経済的な問題もあらためて考える必要があるのであろう。

最澄との論戦を経て、天長元年(八二四)には恵日寺から常陸国に根拠を移し、筑波山中禅寺を建立している。

天長元年七月廿七日、恵日寺自《よ》り、常陸国に下着す。年七十六ナリ。

徳一、寺ヲ常陸国ニ御建立ス。山寺ヲ中禅寺《ちゅうぜんじ》ト名ヅク云々。

(『南都高僧伝』)

翌天長二年徳一は、借位として「伝燈大法師《だいほっし》」を与えられている。

「伝燈」は法燈を伝えるの意。徳一は東国に下ったために、修円の弟子としては興昭・寿廣に比し、不遇であったというのが今までの大方の評価であった。しかし「伝燈」は燈火の展転相伝えて滅びないように、師資正法を授受して断じないことをいい、「伝燈大法師位」は三位に準じるという。最澄は示寂の直前にあたる延暦一三年二月一四日に伝統大法師位を授けられている。延暦・大同年間の東国での教化、最澄との論争を通じて、徳一も東国での活動を公的に評価されたことになる。

蝦夷との対立が長く続いた東北北部に本格的な仏教が伝わったのは、坂上田村麿によって胆

沢城が建てられ、両者の対立に一応の決着がついた延暦二一年（八〇二）以降と考えられているので、延暦・大同年間に筑波山寺をひらき、筑波・会津を中心に教化し、空海から密教経典の書写を依頼され、最澄と三一権実論争をかわした徳一の教化活動は、法相宗の東国での展開というだけでなく、本格的な仏教の東北への伝播という意味からも重要であると考える。

　徳一の東国での具体的な教化の跡をたどってみよう。

2　徳一と筑波山

「一ハ常州筑波山寺ヲ闢《ひら》キ、門葉《もんよう》益《ますます》茂《しげ》シ。而ルニ、沙門ノ荘侈《そうし》ヲ嫉《にく》ミ、麁《そ》食《じき》幣《へい》衣《い》ニシテ、恬然《てんぜん》トシテ自ラ怡《たの》シミ慧日寺ニ終ル。全身壊《く》チズ」とあり、徳一は教化の拠点として、常州筑波山寺をひらいている。筑波山は嬥歌《かがい》（歌垣）の山で、古くから人々の信仰を集めていた山であり、筑波山寺は典型的な神仏習合の寺である。

①徳一と神仏習合——鹿島の神への崇敬

　永享六年（一四三四）以降の成立とされる『神明鏡』に、「春日鹿島法相擁護ノ神御坐ヌレバトテ、常州鹿島ニ下リ、筑波四十八ヶ所ノ霊場ヲ建立ス。加之、国中数十ヶ所建立ス」とあり、徳一は法相宗擁護の神として、まず藤原氏の氏神である鹿島の神に詣でている。

図５　鹿島神宮社殿

鹿島社（茨城県鹿嶋市）は常陸国一ノ宮。祭神武甕槌命。鹿島の神は土着の神ではなく、東国経路の拠点として大和朝廷によって創建された可能性が高いとされ、鹿島・香取の両社は「蝦夷地への開門である利根川の河口を扼《やく》する両岸に祈りをこめて、武神の武甕槌神と経津主神を祭ることにあった」と考えられている。

　鹿島の神の鎮座する地域は、古代には東の涯と考えられており、大洋に臨む地方なので航海を守る神としても尊崇を受けた。蝦夷征伐に際しては鹿島の神の威力が信じられ、その加護が必要とされた。海岸沿いに鹿島御子神（苗裔社）が多く祀られ、貞観八年（八六六）には陸奥国の菊多・磐城・標葉《しめは》・行方・宇多・伊具・亘理《わたり》・宮城・黒河・色麻《しかま》・志田・小田・牡鹿一三郡にわたって都合三八社に祀られている。

　徳一を藤原仲麿の末子と特定すると、藤原氏の氏神としての鹿島社に詣でて、神の許しを得て東国での布教に加護を祈ることは自然であったろう。蝦夷征伐における仲麿とその息朝狩《あさがり》（宝治六年東海東山節度使、鎮守府将軍）や久《く》須《ず》麿《まろ》（本名浄弁、東海東山道問民苦使《もみくし》）の役割、蝦夷征伐に

鹿島信仰が利用されていた実情を考えても、父仲麿没後の藤原氏の復活を願い、奈良仏教である法相宗の伸張を祈るために、徳一がまず鹿島に詣でたことは十分に想定できることである（宝亀八年・七七七・七月内大臣藤原朝臣良継は病により氏神鹿島社などに叙位しており、鹿島社は正三位となっている）。

鹿島の神宮寺は天平勝宝年中（七四九〜七五七）鹿島郡の大領中臣千徳が修行僧の満願とはかって建立したと伝える。はじめ香島《（ママ）》の大神の本地堂として宮中の東南・松浦郷鉢形の神宮寺沢の地にあったといい、三論宗の寺であった。鹿島神宮の東南二キロの鉢形不入《かぎいらず》が神宮寺の旧地と考えられている。満願が去ったのち、あまり年月を経ずに神宮寺は住持する者がなくなり、荒蕪した状態が続いたと推量されているが、のち法相宗に転じたとも伝えられる。承和四年（八三七）定額寺に列し、嘉祥三年（八五〇）には供僧五人のうち欠員があれば得度を許された（『類聚三代格』年度者）。

鹿島神宮寺で仏像を図画し、多度神宮寺で神像をつくったとの所伝は、神域である筑波山を中心に布教しようとした徳一に多くの影響を与えたようで、徳一の教化は鹿島の神の許しを得て、仏の道を伝える神仏習合を基本としていたと考えられる。しかし鹿島での徳一の足跡を確かめることは困難である。

『常陸国風土記』には「榎浦津から常陸路に入った浜駅使《はゆまづかい》が、まず口と手を洗い、東に向い

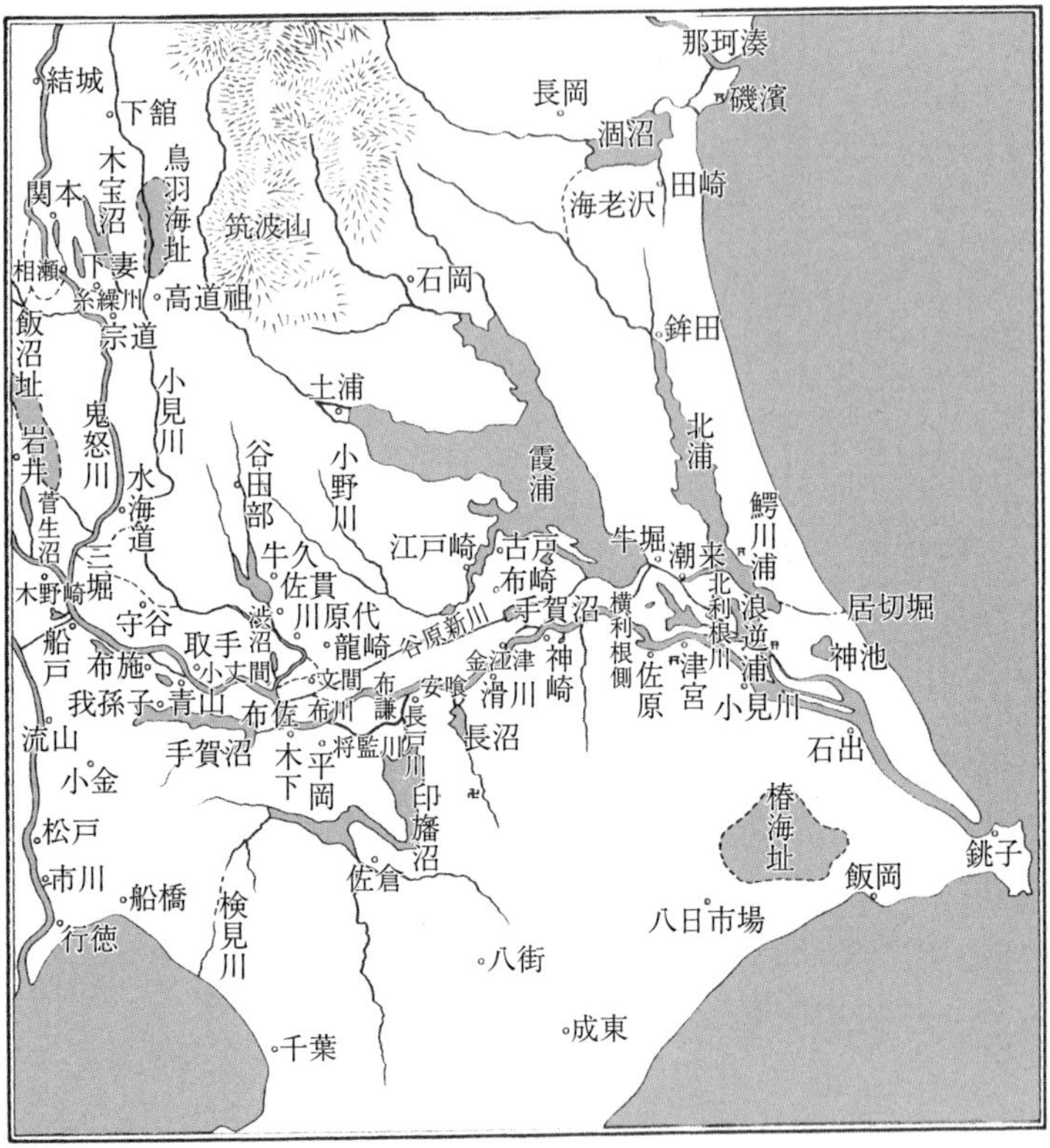

図６　中下利根水脈図（吉田東伍『利根治水論考』より）

て香島の大神を拝し、そうしたのちに入ることができる」とあり、東海の大路のなかで、榎浦津は常陸国への最初の門戸とされていた。稲敷市羽賀・君山、或いは柴崎に比定されている。榎浦津から常陸に入り、潮来を通って鹿島に入る道が推定される。

『神明鏡』に、「春日・鹿島法相擁護ノ神ヌレバトテ、常州鹿島ニ下リ、筑波山四十八

ヶ所ノ霊場ヲ建立ス、加之国中数十ヶ所建立ス、多クハ観音薬師像也、中ニ長谷寺、平城御願ト号シ、大同二年丁亥造建有ル也。又奥州会津ニモ清水寺トテ観音ノ像ヲ立テ……」とある。

上戸《わど》観音寺（行方郡牛堀町上戸）――真言宗豊山派、瑠璃光山本尊聖観音

『水戸藩開基帳』に、「はじめ筑波山別当徳一によって尾之詰《おのづめ》の台地に創建されたが、のちに現在地に移建された」とある。

鹿島神宮参詣のための板来駅が特別に設置（臨済宗妙心寺派潮来長勝寺境内。弘仁六年〈八一五〉八月一五日廃止）され、榎浦津から潮来を経て鹿島への道が古くからひらけていた。鹿島神宮に至る行方郡には鹿島・香取の御子神が多い。『神明鏡』の記載からも、徳一はまず鹿島に詣でたと考えておきたい。

観音寺は康永二年（一三四三）内蔵人藤原国安によって現在地へ移された。鰐口（茨城県指定文化財）に、「観応三年（一三五二）上稲吉願主藤原国安」とある。

神向寺《じんこうじ》（鹿嶋市神向寺）――時宗、鶴駕山、本尊馬頭観音

寺伝によると、聖徳太子が父用明天皇の勅願によって海岸寄りの鶴居川付近に創建し、創設時は香島山仁多寺《にんたじ》と称した。和銅元年（七〇八）行基が常陸国を遊行した際、千手観音を刻み、当寺に安置して以来、行基を中興の祖と仰ぎ、法相宗の寺院となった。鎌倉時代一遍の来住により時宗に改宗して、創建時の鶴居川流域を離れ、現在地に移転し、鹿島神宮の鬼門にあたる

ため神向寺と改称したという。

神向寺の如来立像・菩薩立像・小金銅仏六軀は鹿島社の本地仏と伝え、南都仏教を伝えた満願によって創められた鹿島神宮寺に関連する像と考えられている。

浜津賀慈眼寺（鹿嶋市浜津賀、神戸山）――真言宗智山派、本尊十一面観音

鹿島社内神宮寺の大末寺として、天平勝宝年中に満願上人によって創建されたと伝える。像高一〇・〇センチの誕生釈迦如来立像があり、鹿島神宮寺に関連をもつ像と考えられている。

浜津賀は水戸から神宮への入口にあたる。

②徳一と神仏習合――筑波の神への崇敬

徳一は「神の山」として崇敬されてきた筑波山を、神仏混淆の山寺として法相教学をひろめ、山寺の僧が主導権を持つ寺として教線を伸張し、山林修行の山として修験道をひろめていったと考えられる。筑波山寺の開山にともない、男女二神は観音を本地とする筑波山両部権現とし

図7　恋瀬川よりみた筑波山

て祀られた。
養老年間(七一七～七二四)常陸国では『常陸国風土記』が編纂されており、その中に筑波山についての記事がある。

　夫《そ》れ筑波の岳は、高く雲に秀で、最頂《いただき》は西の峯崢嶸《けは》しく、これを雄神といひて、登臨《のぼ》らしめず、但し、東の峯は四方《よも》盤石《いはほ》ひして、登り降り坱圠《きか》し、その側に流泉あり。冬も夏も絶えず、坂の東の男女、春の花の開ける時、秋の葉の黄《もみ》づる節《とき》、相提ひ駢闐《つらな》り、飲食《おしもの》を斎賚《もたら》し、騎歩《うまにかち》に登臨《のぼ》り、遊楽《あそ》び、栖遅《す》めり

筑波山は高く雲に秀で、雄神は険しく、人びとは登ることができなかったが、雌神のおられる東峯には泉があり、坂東諸国の男女が集まり、春の花見、秋の紅葉を楽しむところ(かがい)であった。祖の神の命は福慈(富士)の神に宿を乞うて断られたが、筑波の神には新嘗の日でももてなしを受けたので、富士山には常に雪が降って登ることができないのに、筑波では嬥歌《かがい》が続いていたという、富士山と筑波山との対比に使われることが多い。

嬥歌については、高橋富雄氏が会津磐梯山にもその風習があったことを指摘されている。

『常陸国風土記』が編纂された養老年間より一〇年ほど前の和銅二年(七〇九)ころから常陸国の人びとは蝦夷地への軍役や武器・物資の輸送に従うことになり、農民の生活には重い負担が加わっていった。それに加えて八世紀末から九世紀末にかけては、関東諸国では風雨・水旱・

地震などの天災地変が頻発して、農民は飢餓に苦しんでいた。

延暦四年（七八五）一〇月、常陸国など五か国が大風に遭い、百姓は飢餓に苦しむ。

延暦一八年八月、鹿島・那賀・久慈・多珂四郡に高潮（津波）が襲来。

常陸国に教化した徳一は「沙門の荘侈《そうし》を嫉《にく》み、麁食《そじき》・弊衣《へいえ》し、辺土の麁食者の評に甘んじた」とされるが、自然災害などで苦しむ人びとを前に、全てを投げ打って、仏（法相宗）の教えをひろめていったのであろう。

『扶桑隠逸伝』に、「徳一者、唯識の翹楚《ぎょうそ》也。常ノ筑波寺ヲ闢キ居ス。門葉尤モ茂シ。而シテ沙門ノ荘侈ヲ疾ミ、弊衣廉食シ、恬然トシテ自ラ恬ム。長途ヲ行クト雖モ、乗輿ヲ用ヒズ、疲牛ニ賀シ、痩馬ニ騎リ、嘗テ新疏ヲ作リ、山家ノ大師ヲ破ス。賛ニ曰ク、弊衣廉食ハ吾道ノ標幟已。仏自ラ廉布僧伽梨ヲ着シ、鉢ヲ擎《ささ》ゲ、錫《しゃく》ヲ擁キ、徒歩乞食ス。是レ即チ忍土応化ノ儀相ナリ」とある（寛文四年版本）。寛文年間は儒者たちを中心に排仏論が起こり、会津・岡山・水戸藩で寺院整理が行われた時期にあたる。こうしたなかで、沙門の荘侈《そうし》を嫉《にく》み、麁食《そじき》・弊衣《へいえ》し、辺土の麁食者の評に甘んじながら仏の教えを説いた徳一の業績が評価されている。

筑波山知足院俊在が記した『筑波山流記』には、

それ当山は天地ひらけしはしまりける時よりも神感跡を垂れ、薩埵化をしめす勝地なり。その草創の濫觴《らんしょう》は、ふたはしら（二柱）の尊天のうきはし（浮橋）の上にして、みそめ（見初め）

給ひし山なり

爰大智の聖人あり、名つけて徳溢菩薩と云。時に仁王五拾代桓武天皇の御宇、延暦年中歳次壬午(二二年)、彼菩薩この山に遊歩して、はるかに東嶺を見給ふに、五色の瑞雲靉靆《ずいうんあいたい》し、神仏遊居の相あり。溢公しはらく休息して、薩埵の緇素《しそ》を照見し給ふ処に、忽然として天童一人来たりぬ。稀有の思ひをなし、かの童子に命すらく、我此山に精舎を建て、千手薩埵の尊容を安置せんとおもふ。よろしく久住すへしや。童子の云、それこの山ハ、大権大士垂跡の霊嶽・神仏感応の遊居所也。殊南方の半腹に当て、一宇の精舎あり。月輪寺と称す。かの所にひとつの石箱を納置たり。但地の底七尺にこれを埋、其裏に神代の深秘ならびに龍宮海蔵の記録豊鋅巻一部六巻、これあり。即聖人に附属すとて、其童子うせぬ。溢公教にまかせてたつねいたし(尋出し)、天覧に備給へば、叡感のあまりに、本朝無双の霊山なりといふ。(第一)

とあり、

当山元祖徳溢菩薩は、桓武天皇の御宇、延暦年中この山を開き、内證外用の深秘残る所なく、これを照覧すと云々。然る間、溢公徳用無尽なり。智徳天下に満つる故、徳溢の宝号を与う。慈悲法界遍き故、菩薩の尊名を授く。敬うべし。貴ぶべきものなり。(第六)

と、神の山である筑波山で、徳一が筑波山寺を建立するに至った経緯を記している。

坂本正仁氏[12]は「徳一の筑波山寺建立の動機、さらに外護者の問題などは従来全く吟味されることはなかったといっても過言ではない。単に山中にまします神と仏の習合思想の機運にのり、山寺の建立に至ったとの理解でしかなかった」ことを指摘され、「神の山で修行を行う上で許諾を得、修行成就の外護を求めるものではなかったか」と述べておられる。筑波山寺建立の動機、外護者の問題は今後もつめなければならない問題であろう。

追塩千尋氏は興味深い例を提示しておられる。福島県浪江町小野田清水の清水寺は大同年間の創建を伝えるが、清水観音の利益によって征夷に勝利した田村麿が、観音安置の場を朝廷に求めたところ、朝廷は筑波山にいた徳一に命じ、伽藍を構えさせたのがはじまりで、それは大同年間のことであったという。

徳一拠点の「恵日寺《えにちじ》」がもとは「清水寺《きよみずでら》」と号していたことと、『私聚百因縁集』に「得一の伽藍諸国に多し。就中常と奥の両陸の境、殊に盛んなり」という記述と併せ考えると、常と奥の両陸の境である浪江清水寺の伝える事績は、徳一拠点の会津恵日寺と筑波西光院(峰寺)が、もと清水寺と呼称したという伝承とともに、大同年間筑波山寺で教化した徳一と、田村麿・朝廷(中央官界)との関係を示すものとして興味ある紹介である。

「征夷に勝利した田村麿が観音安置の場を朝廷に求めた」とすると、降伏した蝦夷の首長が田村麿とともに平安京に入った延暦二一年(八〇二)七月のことと思われるが、筑波山では「延

暦年中徳一がこの山を拓く」とあるので、「朝廷が筑波山にいた徳一に命じ、伽藍を構えさせた」年代とは矛盾がないように思う。天台・真言宗に理解を示した師修円に反抗しての関東下向であったとしても、筑波山寺・会津を中心とした徳一の教化が公に認められた結果を示していたと考えることができ、田村麿の蝦夷征伐との関連で東国での仏教の展開を考えるのに興味深いものがある。常陸国では東海村照沼如意輪寺に、「延暦十年(七九一)田村麿が東夷征伐の時に、この地の庵舎にいた徳逸と幽義を論じた。徳逸の偉徳に帰依した将軍は、持仏如意輪観音を本尊とし大同年中に寺院を建立した」という寺伝が残っている。徳一の東国下向については、外護者の問題が論じられることがないなかで、「伝記」を通してであるが、田村麿や朝廷との関係が指摘されていることに注目しておきたい。

③筑波山中禅寺と四面薬師

筑波山中禅寺を中心にした教化は、恵日寺・勝常寺を中心にした会津での教化、奥と陸の境であるいわきを中心にした教化とともに、徳一の東国での教化の中心をなすものである。この徳一の教化は、延暦・大同年間を中心とする教化と、天長元年以降の筑波山中禅寺を中心とする教化に分けられるが、両者には教化の違いを推定できるが、史・資料の上から判然とすることは困難である。

『茨城県史　原始古代編』では、「そこに有徳の修行者があり、山下にはこれを敬仰する人々があった。その修行には古い山岳崇拝の行法も受入れられた。その崇敬には山岳宗教とのかかわりがあったとみられる。そうした初期の草堂風のものは崇勢のたかまりとともに、その教理の展開とともに、伽藍を築き堂塔も整えて、そこに整備された山岳寺院が成立した」と説かれる。筆者も同様に考える。

法相宗の学僧徳一としては、筑波山寺を拠点として、平安仏教である天台宗や真言宗に対峙したのであろう。男神のいます西の峯は古くから山林修行の場で、女神の坐す東峯は春秋に男女が妻問いをするかがいの場と考えられてきた。しかし東峯から奈良時代の花弁蝶八花鏡が出土し、興福寺の花弁蝶八花鏡と同じ形であることから、東峯にも徳一教化の跡を想定することができるように思う。

弘仁八年(八一七)から同一二年まで会津にいた徳一と最澄との間に三一権実論争が行われていたが、翌九年(八一八)七月常陸国などに地震があり、「山崩れ、谷埋まり、百姓圧死」という状況であった。朝廷では八月に地震を巡省し、賑恤《しんじゅつ》(困窮している者に金銭や品物)を与えている。地震災害は政治に欠けるところがあることに対しての神の咎と考えられていた(天譴《てんけん》思想)。

茨城県域の調査で、奈良時代からの集落が平安時代に消滅したという事例も報告されており、このような自然災害が二〇年ほどの間隔で起こっていた。また弘仁年中、常陸国では戸籍が作

られているが、女子が圧倒的に多いことを指摘されている。

こうしたなかで、弘仁一四年(八二三)正月、筑波男神は「霊験著しきをもって」叙位され、官社となっている。「霊験著しきをもって」が具体的にどのようなことをさすのかは明示されていないが、筑波の神が公式の文書にあらわれるのは、この記述が最初である。自然災害に対しても、筑波の神に祈ることにより、霊験があったということであろうか。

天長元年(八二四)六月常陸守佐伯宿禰清岑らが叙位されている。この年七月二七日に徳一は会津から常陸国へ下向し、筑波山に中禅寺を建立している。

三一権実論争は弘仁一三年(八二二)大戒独立運動の問題のなりゆきを憂いつつ最澄が示寂したことにより終結した。しかし翌一四年、延暦寺は寺号を許され、天台宗は南都から独立した教団となっている。最澄没後、師の遺志を継いだ円仁などの弟子によって天台宗が伸長したのに対して、徳一には弟子が育たなかったために、徳一のひらいた法相宗の寺の多くは天台宗に改められたとするのが、高橋富雄氏をはじめ従来多くの研究者の考えであった。また最澄没後、徳一が会津から常陸に下向した理由についても、従来あまり問題にされることはなかった。筆者は、徳一が会津から筑波に移ったのは、徳一の東国での業績が公的に認められ、かつ今後の徳一の教化に期待を寄せたものであったと考えている。

天長元年七月廿七日、恵日寺自リ常陸国ニ下着ス。年七十六ナリ。徳一、寺ヲ常陸国ニ御

建立ス。山寺ヲ中禅寺ト名ヅク云々（『南都高僧伝』）

天長二年　常陸僧借位伝燈大法師徳溢（「参議伴国道書」）

「伝燈」は法を伝えるの意で、「伝燈大法師位」は僧位で三位に準じたものとされている。最澄は示寂直前の弘仁一三年（八二二）二月一四日に伝燈大法師位を授けられている。

三一権実論争については、天台宗最澄の優位とする評価が多いが、徳一が「常陸僧借位伝燈大法師位」を授けられたことは、常陸・いわき・会津を中心とした関東・東北での事跡を公的に認められたことになり、南都仏教を代表する学僧道昭を筆頭とする日本法相宗の正統を自負し、奈良仏教再生への願望を持ち続けた徳一の立場を公認されたことになる。

会津から筑波への下向は、国力復興のための政治的な要請があったのではないだろうか。仲麿の弟・巨勢麿の息・黒麿の子春継、弓主の子宮田・助川などの常陸・下總での動きも考慮する必要があろう。

会津から筑波に移った徳一は、筑波山中禅寺（本尊千手観音）を中心に、東西南北に四面薬師を配したと考えられている。会津の五薬師に相当するものであったろう。

山寺中禅寺　本尊千手観音　筑波山神との習合

四面薬師

小幡薬王院　筑波北面薬師　石岡市小幡

菖蒲沢東光寺　筑波東面薬師　石岡市菖蒲沢
山荘東城寺　筑波南面薬師　土浦市東城寺
椎尾薬王院　筑波西面薬師　桜川市椎尾

四面薬師の各寺院においても大同年間の創建を伝えており、天長元年以降の創建とすることはできない。延暦・大同年間の創建が、天長元年以降に整備されたと考えるべきであろうか。

筑波山中禅寺

弘仁一四年(八二三)正月、筑波の神は官社となり、翌天長元年(八二四)に徳一が会津から下向し、翌年「常陸僧借位伝燈大法師徳溢」となっていることからも、天長元年以降は官僧としての立場での徳一の教化が推定される。しかし大同年間開創の伝承が多いのに比し、天長元年以降の建立を伝える寺は希少である。中禅寺を中心に整備されたと考えるべきであろうか[13]。

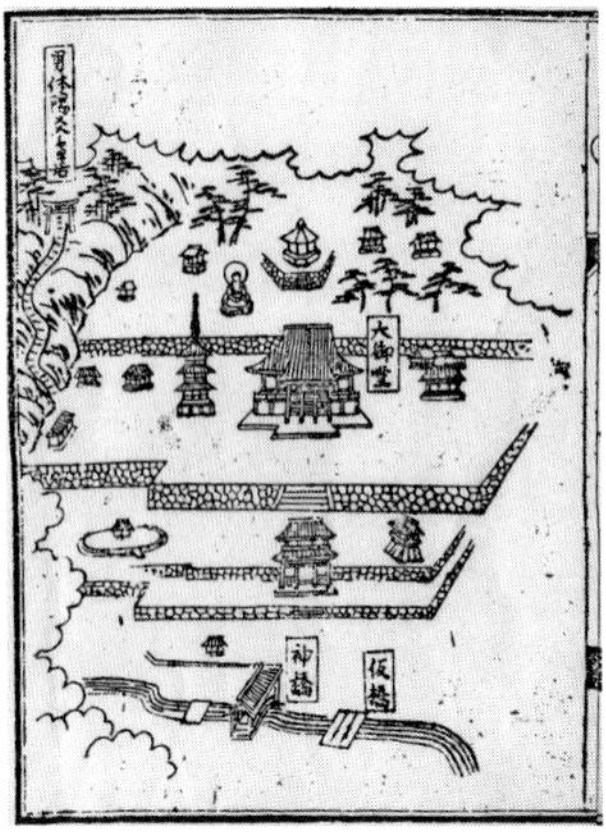

図8　筑波山中禅寺(『筑波山名跡誌』より)

三一権実論争を展開した法相宗の学僧徳一としては、筑波山中禅寺を拠点として、平安仏教である天台宗や真言宗に対峙したのであろうと考えられる。

男神のいます西の峯は古くからの山林修行の場で、女神のいます東峯は男女が妻問いをするがいの場と考えられてきた。しかし東峯から奈良時代の花弁蝶八花鏡が出土し、興福寺の花弁蝶八花鏡と同じであることから、東峯にも徳一教化の跡を想定することができそうである。

しかし明治初年の神仏分離の際に、筑波山の遺跡は大きく破壊されており、徳一当時のものはほとんど現存していない。

徳一が筑波で教化した当時の遺跡としては、徳一が書写した法華経一〇〇〇部を納めたと伝えられる経塚、文殊普賢の影向《ようごう》を許した来迎谷、空海宛の「真言宗未決文」を想定させるような開山徳一大師・弘法大師求聞持法修行の旧跡、寂静無比の禅窟、求聞持法など徳一にまつわる遺跡が残存していたと記されており、聞き取りによると、徳一入定の跡もあったというが、確定することはできなかった。

図9　阿弥陀如来坐像(中禅寺伝来)(茨城県立歴史館蔵)

こうしたなかで鎌倉時代の本尊阿弥陀如来像が茨城県立歴史館に移されている。

阿弥陀如来坐像　一軀　鎌倉時代　木像

像高五二・二センチ

像底に「筑波山中禅寺より流出」の墨書銘があり、廃仏毀釈によって中禅寺から流出したと考え

られる阿弥陀如来であり、本像は現在確認できる流出した仏像の中で、最古のものとされている。

筑波四面薬師

徳一の筑波山を中心とした教化が、中禅寺と四面薬師を中心に行われたとすると、会津における五薬師のもつ意味は重要である。会津五薬師には「弘法大師が、磐梯山の摩神が人びとを苦しめるのをはらうために、会津に五薬師をおいた」との伝えがある。

筑波四面薬師については、中禅寺と同様に廃仏毀釈の影響が強かったために、全体像を把握することは困難であるが、徳一の会津からの下向が、「長年の蝦夷征伐の軍役に従って国力が低下し、農民は疲弊していた」、「当時は自然災害が多く、このために農民の生活は苦しかった」という条件のもとで行われたとすると、会津と同様に「人びとの苦しみをはらうために造られた薬師」、「人びとを救済する役目をもった薬師如来」と考えることができよう。

東面薬師（石岡市菖蒲沢、旧新治郡八郷町菖蒲沢）――菖蒲沢東光寺。所在地は『新編常陸国誌』に、「菖蒲沢―東は辻村、西は小野越村裏山、南は柴内村権現山、北は青柳村龍神峠に界す。東西一三町、南北九町、周囲三四町」と記される。

江戸時代の東光寺は真言宗。筑波郡大形村宝生寺門徒　筑波山不動院

図10　菖蒲沢の薬師堂

道路沿いに、年代は新しいが、「徳一御小屋《おこや》」があり、谷を切り開いた底面の薬師堂に、「菖蒲沢のお薬師様」が安置されている。周辺に、「麻衣麁食、恬如自娯、難行長途、不用乗輿、駕幣牛、騎痩馬」(『常陸僧史略』)とある徳一の姿を想起させる雰囲気が残っている。

西面薬師(桜川市真壁町椎尾)――椎尾山薬王院。薬王院には次のような伝えが残されている。

徳一のひらいた法相宗の寺であったが、延暦元年(七八二)最仙によって天台宗に改められ(桓武天皇勅願所)、天長二年(八二五)慈覚大師が再興し談義所となり、盛時には四四坊を有したという。

最仙については、法相僧であったという説、最澄の弟子で国講師であったとする説がある。しかし延暦元年が最澄による天台宗改宗以前であることからも、不明なことが多く、徳一の時代に西面薬師であった当時の姿を明らかにすることは困難である。

鎌倉時代に入り、建長四年(一二五二)小田氏の帰依を受けて、三村寺を拠点に西大寺流の律宗をひろめた忍性によって中興された。本尊の金剛薬師如来像(県指定文化財)は鎌倉時代末期の

作とされ、頭髪部に清涼寺式の特徴がみられる。

忍性が鎌倉入りしたのち、薬王院は再び天台宗に復帰した。

『山家最要略記』

最奥　永和四年（一三七八）　正月廿八日　於常州椎尾寺書写畢

于応永二年（一三九五）十二月十八日　常州筑波山麓雲鳥寺熊野堂談所書写……心什

とある。雲鳥寺も熊野堂も現存しないが、椎尾寺で『山家最要略記』が書写されており、談所であった椎尾寺の様子を伝えている。

南面薬師（土浦市東城寺、旧新治郡新治村東城寺）――山荘東城寺。東城寺は筑波の東南にあたり、朝望山中の古刹である。

『常州東城寺来由記』（江戸後期）には、最仙が京都比叡山に倣い、延暦年間に、山をひらいて仏閣を建立し、薬師如来を祀り、山王権現を勧請したと記し、平安時代には、当時筑波山麓に蟠踞して常陸平家の外護を得て栄えた天台寺院であった。寺後の経塚から、保安三年（一一二二）、天治元年（一一二四）に平致幹《むねもと》を大檀那として、比叡山の寺僧明覚・経暹《きょうせん》によって埋経された経筒が発見されており、大檀那大掾氏が天台宗へ帰依し、比叡山の学僧たちと法縁のあったことが知られている。

東城寺経塚（筑波東峯東城寺山腹）

保安三大歳壬寅八月十八日甲辰
如法経書写供養願主
聖人僧明覚　大檀越平朝臣致幹
為並法界衆生平等利益所
奉遂果如右　敬白（針書）
天治元年歳次甲辰十一月十二日乙酉
　奉安置　銅壺一口
行者　延暦寺沙門経暹
大檀那　陰子平致幹
　銀作三国将時（陽刻）
（東京国立博物館蔵経筒銘）

寺地には薬師堂・地蔵堂（江戸期）があり、薬師堂の秘仏・一木彫成の薬師三尊があり、平安中期を下らないものと考えられている。薬師像は応安七年（一三七〇）の造立銘をもち、祖師堂の広智像には嘉禎三年（一二三七）の造立銘がある。

広智は鑑真の弟子道忠に師事して修学し、下野小野寺に住した。弘仁元年（八一〇）比叡山一乗止観院で、最澄に三部三摩耶戒を授けられた。最澄が東国を巡化した時には多宝塔建立に助力し、弘仁八年両部灌頂を受けた。のち小野寺で天台教学を講じ、天台宗の東国への教線拡張

図11　東城寺経塚群

の基礎を築いた。円仁は広智の弟子である。また空海が密教経典の書写について広智に助力を乞うている。

薬師堂については、現薬師堂が奥峯の中腹、「堂平」の地にあったが、早く現地に降りたと伝えられている。旧地で採取されたと称する軒瓦が採取され、保存されている。

東城寺は平安中期には筑波東峯の山中に、瓦葺の堂宇を構築して薬師三尊を安置し、山王社を鎮守として寺域を整えた山岳寺院であったと考えられている。

図12　東城寺山門

鎌倉時代初頭には、譜代勢力であった大掾家多氣氏の没落、代わって宇都宮家小田氏の台頭があり、東城寺としては旧来の勢力を失ったことになるが、「建長五年」在銘の結界石、それとほとんど同じ時期の平瓦などが残り、当時小田三村山下に拠り、律の弘布に活躍した忍性との関係が推測されている。

北面薬師（石岡市小幡）――小幡薬王院、十三塚山寺の薬師様。薬王院《やこういん》、除地五石。小幡村は筑波山東麓、恋瀬川の支流川又川の上流右岸に位置する。

天平勝宝四年(七五二)一〇月の馬鞍腹帯墨書銘(正倉院文書)に、「常陸国茨城郡大幡郷戸主大田部虫麻呂調壱端」とある大幡郷は当地に比定される。また「将門記」にある弓袋山(湯袋峠)も真壁郡にあり、真壁から常陸国府に通ずる峠道が古くからひらけていたと思われる。中世は小田氏の一族が小幡氏を名乗って当地を支配した。

貞享二年(一六八五)鐘銘に、

奉鋳造、鳴鐘一口、薬師如来宝前
常州新治郡小幡村山寺之霊仏者、往昔行基菩薩開地、作像、
従爾霊威益新、道俗信之、衆檀焉之

とあり、行基の伝えが残っている。

文保年間(一三一七〜一九)、薬王院の所在地小幡郷の地頭は藤原氏の女であり、文保三年には常陸国総社造営料を負担していた。

依常陸国惣社神主(清原)師幸幷供僧等申、当社造営事
去々年正和五九月廿四日御教書案副訴状幷去年文保元十二月廿日御施行状、
今年三月十三日到来、謹拝見仕候畢
抑彼造営事、於所領小幡・菅間両郷、先規(無)其例候、
以此旨可有御披露候、恐惶謹言

文保二年四月十四日　藤原氏女請文（裏花押）

④峰寺西光院と長谷寺の立木観音

石岡市吉生の峰寺山西光院は、寛政六年（一七九四）鐘銘に「山名長峯、寺号峯寺、絲大同年中徳一大師、感観音大師霊像、于巌石上、創建精藍、学伝法相、慧燈久輝、時遭離乱、寺罹兵火、云々」とあり、大同年中に徳一が創建し、観音大士の霊像に感じ、巌石上に聖藍を創建し、法相宗を伝えた旨を記す。関東に下向して、筑波山寺をひらいた徳一が法相教学を伝えたことを記す数少ない例のひとつである。

図13　西光院十一面観音像
（茨城県指定文化財）

この寺の境内に安置されている立木仏十一面観音像は、峰寺西光院の山麓にあった長谷寺（立木山高照寺、現廃寺）の本尊であった。『神明鏡』に「春日鹿島法相擁護ノ神御座ヌレバトテ、常州鹿島ニ下リ、筑波山四十八ヶ所ノ霊場ヲ建立ス。加之、国中数十ヶ所建立ス。多クハ観音、薬師像也。中ニ、長谷寺、平城御願ト号シ、大同二年丁亥

造建有ル也」とある長谷寺がこれにあたるのであろう。

元文二年（一七三七）修理銘に、徳一の創建を記す。

奉再興十一面尊形一体所願成就万民豊楽攸　哀愍衆生者　我等今敬礼　敬白

常州新治郡吉生村立木山長谷寺高照山開山得一大師　四十八世専精房密恩　行年四十二歳

この長谷寺十一面観音立像について後藤道雄氏は、「足もとに木の根を寄せて立木に彫ったようにみせる立木仏」として、像高五三・〇センチ、針桐材、一木造、素地、彫眼で、製作年代は十二世紀に入ると紹介されている。[14]

峰寺西光院は霞ヶ浦を眺める絶景の地にあり、国分寺僧たちの行場としての機能をもつ山林寺院であったと思われる。懸け造りの本堂は露出した巨岩を祀って造られたもので、もとは山林修行の僧が建立した山坊であったろう。

徳一の師修円は大和室生寺の創建にかかわった僧である。その時期は天応元年（七八一）～延暦二一年（七八三）とされているので、弟子徳一も室生山寺の創建に参加し、この山で山林修行にいそしんだことであろう。『私聚百因縁集』には徳一が修因（円）の弟子となって大和神野寺で就業中に、天の告げを得て、東国修行に向かった旨を記している。神野寺は大和国山辺郡山添村伏拝にあり、行基の開基を伝える真言宗豊山派の寺である。

長谷寺の立木仏は、一二世紀の作品とされているので、国分寺との関係ができてからの制作

であろうが、山上に立ったままの霊木に仏像を彫った立木仏で、山林修行に邁進した徳一の教化を伝えたものと思われる。

山林修行を背景として開創されたと推定される寺として、新治郡小野の清滝寺と東茨城郡桂村孫根の岩壁観世音がある。

新治郡小野清滝寺(現土浦市小野)——清滝観音、真言宗豊山派。大同年間、徳一が竜ケ峰《りゅうがみね》に建立したと伝える。のち古観音に移り、天正元年(一五七二)佐竹・小田の戦乱で焼失し、享保年間(一七一六〜三六)現在地に再建された。坂東三十三か所第二六番札所。

東茨城郡桂村孫根岩壁観世音——桂村孫根(城里町)は那珂川右岸の西部山麓地帯に位置する。『水府史料』に、「古より此の辺を観世音と呼び、惣名孫根にてありしを、此村の内岩壁に一の石窟あり。方六尺ばかり。中に十一面観世音を彫りつけたり。徳溢上人の刻む所と云伝ふ。村名これに起ると云う。徳溢は桓武帝の時の僧にして、延暦中筑波を開山せしと云」とあり、『新編 常陸国誌』には「旧孫根村ノ中ナリシガ、其地ニ六尺許

図14　楽法寺延命観世音菩薩像
(撮影＝オダギ秀氏)

ノ石窟アリテ、十一面観世音ノ像ヲ彫レテリ。因テ其辺ヲ観世音ト呼ブ」とある。大和室生寺での山林修行、神託を受けての東国下向、空海書状「斗藪《とそう》して京を離れ、錫を振って東に往く、始めて法幢《ほうどう》を建てて、衆生の耳目を聞示し、大いに法螺を吹いて、萬類の仏像を発揮す」が想起され、山岳修行者としての徳一の業績が偲ばれる。

⑤雨引山楽法寺と中郡の寺々

楽法寺は筑波山中禅寺に連なる筑波山系の雨引山中の寺で、徳一開創を伝える。

楽法寺は、雨引山延命寺地蔵院と小瓦山楽法寺の二院からなっていたが、中頃から一山となり、雨引山楽法寺を称するようになったという。

延命観音像は、山林寺院としての地蔵院観音堂に安置され、延命寺は観音堂を中心に維持されてきたが、のち楽法寺が観音別当となったという。この観音菩薩像については、後藤道雄氏は徳一影響下の造像で、会津勝常寺十一面観音菩薩立像などと同じ形式のものと考えられている。像高一五六・五センチ。カヤ材一木彫成像。

楽法寺を中心に、中世中郡と呼ばれた地域には徳一伝承が著しい。徳一教化の初期にあたる。法蔵院(犬田村)――「古キ仏像三躰　徳一大師御作」とあり、弘仁元年(八一〇)京都の公家藤原薬子の臣名賀沢三学が犬田村東山堂平に建立した。

光耀寺(曜光寺)(橋本村)――月山寺の元寺。延暦一五年(七九六)徳一の開基。延暦年間に筑波山寺をひらいたという徳一の初期の教化によるものであろう。法相宗として一三代相続し、永享二年(一四三〇)光栄阿闍梨によって天台宗に改められた。天台宗に改修後も、人びとは「法相宗光栄」と呼んだという。月山寺には徳一像(室町期)が安置されている。

普門院(加茂部村)――小野山神宮寺。磯部明神。宝亀三年(七七二)開基。薬師如来は法相宗徳一作。小野山神宮寺社僧神全寺・最勝寺・信徳寺・教道寺・移動寺・神宮寺。六供の内神宮寺は薬師別当。近世は月山寺の役僧。

石守寺(友部村)――金縄皆道院。延暦年中徳一の開基。本尊薬師如来は徳一の作。中世は天台宗談義所。近世は長沼宗光寺末から後期に月山寺末となる。

法蔵院は本木村楽法寺末で、本尊地蔵菩薩。朱印地七石。末寺門徒は法徳院・三蔵院。境内仏堂は二宇、うち観音堂は本尊が正観音。俗に三学山観音と呼称された。文政三年(一八二〇)四月九日「法蔵院　諸什物控帳」には、

一、古キ仏像　三躰　徳一大師御作

一、正観音像　厨子入　壱躰　三学山観音也

と記される。

いわき市湯嶽山は、いわき市を一望におさめる名峰で、高橋富雄氏によると、頂上には徳一

が戒定慧三学の箱を収めたとの伝えがあり、湯嶽山は三箱山《さばこさん》ともいうという。しかし常陸国中郡法蔵院の観音堂本尊は「三学山観音」と呼称されるが、戒定慧三学についての伝えはない。弘仁元年（八一〇）京都の公家藤原薬子の臣名賀沢三学が犬田村東山堂平に建立。その後度々の野火で、東山麓観音山に移した。寛政一二年正月、野火で観音堂が焼失し、村人たちが本尊を法蔵院に移し、一宇を建立して安置したという。

神宮寺普門院が別当を務めた賀茂社は、「延喜式神名帳」に「鴨大神御子神主玉神社《かもおおかみみこかみぬしたま》」とあり、『文徳実録』嘉祥三年（八五〇）六月三日条に「常陸国鴨大神御子神主玉神、官社に並列」とある。貞観三年（八六一）九月二〇日には従五位下から従五位上に任じられ、常陸国において大きな権威を有していた。

普門院由緒書によると、宝亀三年（七七二）徳一の開基と伝え、薬師如来は徳一の作としている。宝亀三年は「恵美刷雄等廿一人、本姓藤原朝臣に復す」と、徳一の兄刷雄が「若い時から仏教に帰依した」ことを理由に罪を解かれ、本姓藤原氏に復した年である。徳一については、東国での流罪先も不明で、この年刷雄とともに藤原氏に復したかについても不詳であるが、宝亀三年は常陸国での開創伝承としては最も古い。また中郡は早くから京都と関係の深かった地域であり、留意しておきたい伝承である。

加茂部村　賀茂大明神

加茂辺の儀は中郡の村ニテ、太古之古路　海之頃　大納言着船
　今加茂部村　それより追々村々出来候由伝也

とある。

石守寺（医王山金縄皆道院）は延暦年中、徳一の開基を伝え、本尊薬師如来は徳一の作という。

　医王山石守寺　金縄皆道院

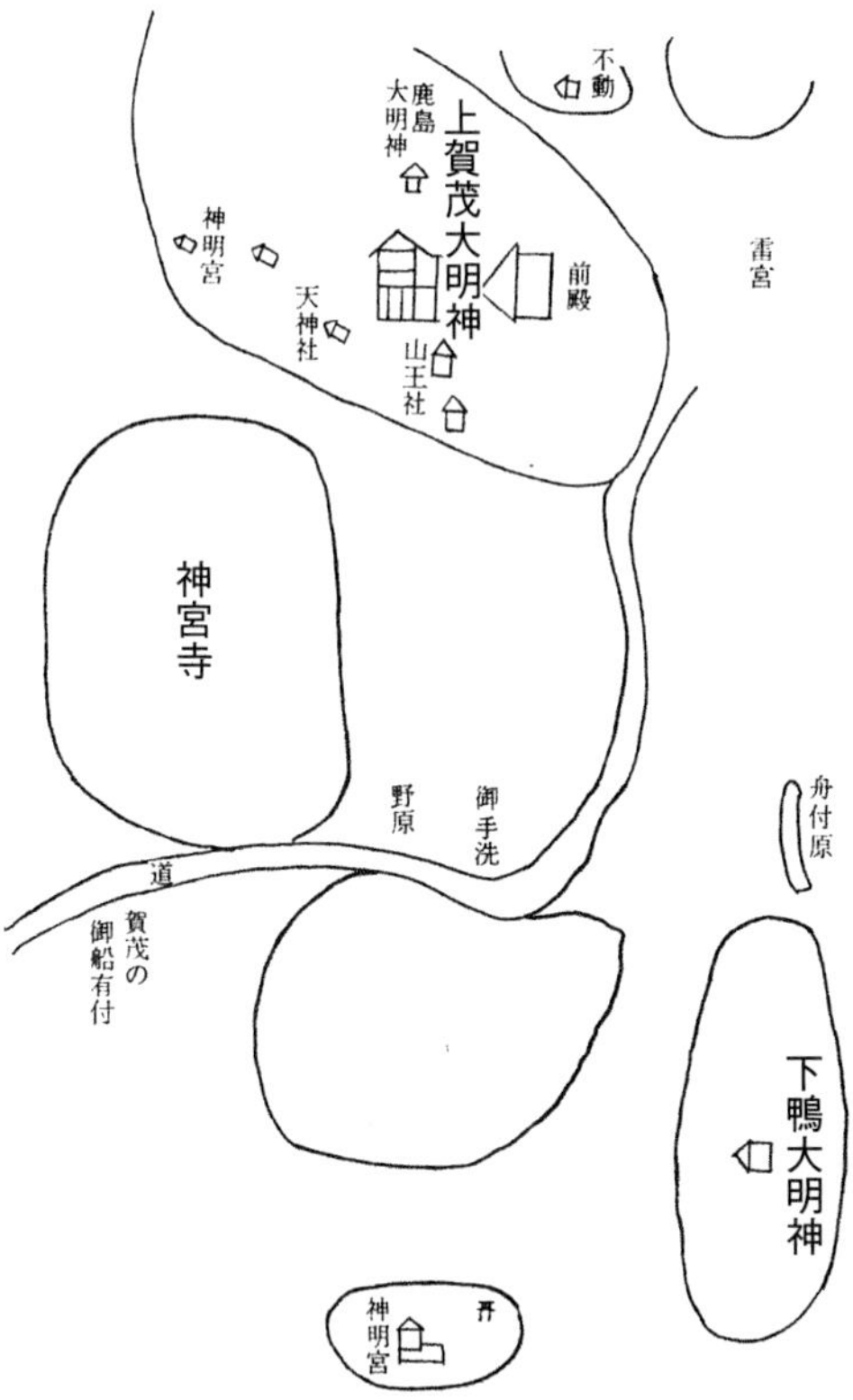

図 15　加茂大明神略図（『岩瀬町史史料編』より）

御朱印　五石
境内一八町ニ二〇町、寺中二ヶ坊　門前家一三軒余　山林
本堂七間四面　本尊薬師如来　徳一大師御作也
三間四面　勅使御影堂並地蔵尊一躰
開基　延暦年中徳一大師申伝候

『一乗拾玉抄』には、「常州中郡庄ニ石守寺ト云談所アリ。住持ニ祐海ト申ス人、馬ニ乗テ雨引山ノ麓ヲ通リ玉フ時、馬ヵ大気ヲツイテ、アラ苦シヤト申ス、コノ声ヲ聞テ一期ノ間、馬ニ乗玉ハザル也」(巻六　法師功徳品)とあり、中世は天台宗の談所であった。

「長途ヲ行クト雖モ、乗輿ヲ用ヒズ。疲牛ニ賀シ、痩馬ニ乗」と評された徳一の姿が想起される。雨引山裏道から友部に通じる馬道が残っている。

⑥下野国での教化

徳一教化の跡は、茨城県・福島県に集中し、栃木県・群馬県域には非常に少ない。このなかで下野塩谷郷寺山(栃木県矢板市長井字寺山)の寺山観音、芳賀郡益子町明林寺、那須郡那須町正福寺、龍興寺(同県河内郡南河内町)には徳一伝承が残っているので紹介しておきたい。前三ヶ寺は大同年間、筑波山寺で教化した時の徳一の事蹟である(『栃木県史』通史編2古代二参照)。

寺山大慈閣（寺山観音）明林寺――『下野国誌』塩谷郷寺山村（矢板市長井字寺山）の寺山大慈閣。「開山徳一僧都。本尊千手観音。行基菩薩の作にて座像。往古は法相宗にて山上にありけるを、いつの頃にか麓に移したりとて山上に旧地あり。今は真言宗の檀林にて京都光台院末なり」。

与楽山大悲心院、本尊千手観音（＝寺山観音）――神亀元年（七二四）行基が高原山剣が峰の麓に法楽寺を建立し、千手観音ならびに不動明王・毘沙門天の両脇侍を安置したが、延暦二二年（八〇三）雷火によって焼失したという。剣が峰の西下に法楽寺があったという観満平、その奥院があったという寺の在所という地名が残る。

天明二年（一七八二）の「観音寺縁起」によると、大同元年（八〇六）筑波山の徳一が観音堂を高原山からその東南の麓（現在地）に移し、御堂を建立したという。そのとき牛畜が石と化し、現在長井よりの入口にある牛石になったという。

平安末には塩谷の豪族堀江氏が寺領を寄進して菩提所とした。正治二年（一二〇〇）源頼朝菩提のために行縁が入寺し、堂宇を修理復興した。本尊の木造千手観音像・脇侍の木造不動明王・毘沙門天像は弘仁期（八一〇～八二四）末の作で、国指定重要文化財となっている。

大同元年、筑波山寺を拠点として教化した時の徳一の事跡である。神の山である筑波で仏法をひろめることの許しを得たとする『筑波山流記』の記述とあわせ考えると、「行基が建立し、雷火によって焼失した観音堂を、高原山剣が峰の麓から東南の麓（現在地）に移し、御堂を建立

した」「牛畜が石と化し守護した」という記述は、徳一の教化を考える上で興味深いものがある。

正福寺（那須郡那須町伊王野古町）――真言宗智山派。正福寺は弘仁四年（八一三）徳一の開創を伝え、長享元年（一四八七）釈迦堂山から館跡に移り、伊王野山城の祈願寺になったと思われる。熊野堂の鰐口には応永六年（一三九六）の銘がある。

寺山観音や正福寺の開創伝承は、会津に定住する以前の筑波山寺での徳一の教化と考えることができそうである。

龍興寺（河内郡南河内町、下野薬師寺跡南方）――真言宗智山派。徳一観音像（境外仏像）。龍興寺は下野薬師寺の関連寺院（薬師寺地蔵院由緒）として知られており、境外仏像には徳一作の伝承をもつ観音像が存在する。銅造釈迦如来立像（総高一一・二センチ、像高七・二センチ）は奈良時代八世紀の作とされ、栃木県指定文化財。

龍興寺は鑑真墓所を守護する寺であり、境内には道鏡塚もある。追塩氏のご教示によると、承和一四年（八四七）徳一の弟子とされる智興と、最澄・円仁の弟子である安慧との間に三一権実論争が再燃しかかったことがあるという（承和の相論）。智興は下野薬師寺別当であったと考えられているので、龍興寺境外仏堂の徳一像は智興との関係で安置されたのかも知れない。智興（京山階寺）は天長七年（八三〇）陸奥国信夫郡に寺を建て、菩提寺と名づけ、定額寺に列せられ

たという。

直接徳一の教化とは結びつかないが、結城寺（茨城県結城市上山川）は『下総国結城郡山川郷清浄蓮華山来由』（『来由記』）によって、在地の有力者「吏老」が鬼怒川の水害を免れることを願って、下野薬師寺創建にあたった祚蓮律師を招いて建立したと考えられている（『結城市史』）。『来由記』によると、祚蓮律師は鬼怒川の堤上に壇を設け、薬師如来を安置し、悪竜に戒法を授けたが、以後水害を受けることがなくなったという。

結城寺の創建は、下野薬師寺創建の時からそれほど下らない時期、七世紀末から八世紀初頭と考えられている。徳一を藤原仲麿の子と特定した時に、天平宝字二年（七五八）、兄にあたる問民苦使藤原浄弁の鬼怒川河道改修の提言があったこと、結城寺の創建、徳一の弟子智興の薬師寺別当時の活動は、今後徳一教化の展開を考える上で参考となるかもしれない。

3　徳一と会津地方

会津地方での教化は勝常寺（福島県河沼郡湯川村）と恵日寺（同県耶麻郡磐梯町）を中心に行われた。勝常寺・恵日寺ともに、磐梯山に対する会津の人びとの信仰を基盤にしており、磐梯山噴火による猪苗代湖の成立、自然災害への恐怖などが仏教を受け入れる基盤になっていたと考えられる。両寺には大同年間（八〇六〜八一六）空海創建の伝承もあり、現在は真言宗豊山派の寺であ

るが、徳一が東国に法相宗をひろめる基となった寺である。

保立道久氏によると、会津は磐梯の西の大峠をぬけて出羽米沢に出るとともに、阿賀野川のルートで西の越後国に出る位置にあり、律令制的な国の一部としての道制という観点からみれば、会津が北陸道と東山道を結ぶ位置にあった事を示しているという。

『会津旧事雑考』巻ノ一には次のように記されている。


釈徳一ハ稲川荘野沢邑ニ金剛山如宝寺ヲ建テ、観音像ヲ安ンズルモ、亦概ネ此ノ頃ナルベキ乎
二年（筆者註＝大同元年）丁亥
空海、磐梯山ニ恵日寺ヲ建テ、自ラ丈六薬師像ヲ刻ミ安置スル也。

伝ニ曰ク、磐梯山ハ旧ニ病悩山ト称フ。

此ノ山及ビ（東嶽）ニ山・風気悪ク、瘴癘《しょうれい》ヲ作シ、（稼穡《かしょく》ヲ）妨ゲ、且ツハ以テ南ノ十余郷ノ民屋、俄カニ湖水ト為ル等、変有ルガ故ニ、平城帝、海師（空海）ニ命ジ、海師、詔ヲ受ケ、来リテ加持ス。今ノ河沼郡八田野稲荷森、其ノ座也。

（中略）

（これ自リ災無シ）

帝ハ賞シ、当郡ノ税ヲ寺ニ附ス。云フ、（当郡）鎮護ノ為ニ五薬師ヲ五方ニ安ンズ。

東ハ恵日寺、西ハ日光寺、北ハ大正寺(漆村)、南ハ火玉堂(寺)、中央は勝常寺也ト云フ。海師ノ居ルコト数年、詔有リテ洛ニ帰スノ時、法相(宗)ノ徳一、先ニ来リテ当郡ニ住センガ故ニ、

海師ハ此ノ山ヲ一ニ附シ、密法ヲ伝フ。此ノ頃、僧坊三百余宇在リ。

一、住シテ降寝繁栄シ、三千六百余坊ニ及ブ也ト云フ

(後略)

- 大同元年(八〇六)徳一は稲川荘野沢邑に金剛山如宝寺を建立して、観音像を安置した。
- 磐梯山はもと病悩山と称し、自然災害の多い地であったが、大同二年に空海がこの地に教化し、恵日寺を建立、自ら丈六薬師を刻み安置した。空海は平城帝(五一代、大同元年〜四年)の詔を受けてこの地(河沼郡八田野稲荷森)で加持祈禱を行ったが、それより災害は無くなった。
- 平城帝はこれを賞し、当郡の税を寺に付し、当郡鎮護のために五薬師を安置した。東は恵日寺、西は日光寺、北は大正寺(漆村)、南は火玉堂、中央は勝常寺である。
- 空海は数年居住教化したが、帰洛の詔を受けて、後席を徳一に譲った。恵日寺はのち堂塔子院三千八〇〇に及び、大寺と呼ばれ、会津四郡はおおよその寺領であった。

『会津旧事雑考』の伝える空海と徳一の関係、勝常寺と恵日寺との問題につき私見を述べて

おきたい。

空海の東国教化については、入唐問題も含めて年代的には無理があり、大同二年(八〇七)以前に空海が会津に止錫したという事実を確かめることはできない。空海は延暦二三年(八〇四)留学僧として入唐、翌年青龍寺恵果《けいか》から伝法灌頂を授けられ、インド伝来の密教を受法し、大同元年多くの経論を持って帰国し、一〇月「御請来目録」を進呈している。宰府の地にあった空海は、大同二年四月筑前の観世音寺に留住、ついで請来の法文・道具・曼荼羅などを具して上洛したといわれるが、実際に京洛の地を踏んだのは同四年七月とされている(それまでは和泉の槙尾山寺にとどまっていた)。

弘仁元年(八一〇)空海は東大寺別当となっており、仮に空海の会津止住が認められ、空海の恵日寺建立が史実とすると、この間の事跡ということになるであろうが、止錫は無理であろう。しかし『会津旧事雑考』が伝える「空海が後席を徳一に譲った」との話は、弘仁六年(八一五)の空海書状との関連からも、徳一が真言密教についてかなりの知識を有していたこと、空海書状以前に徳一が会津に止住し教化していたことを推定する根拠になる。

大同元年徳一が稲川荘野沢村に金剛山如宝寺を建立し、観音像を安置したとの話は、徳一の会津への教化を知る上で興味深い。稲川荘は藤原氏の荘園(のちの蜷河荘)のあった地である。空海の密教書写への依頼や、最澄との論争を通じても、当時会津に止住していた徳一が対抗でき

るだけの文献的裏付けを行う経典や書籍を保持しており、徳一を補佐する人々(徳一教団)もいたであろうと考える。

司東真雄氏は、「奥州会津郡稲川庄(のちの蜷河庄)へ建立された恵日寺は藤原家の菩提寺・興福寺の僧で僧綱職にあった修円が藤原家から委嘱され、弟子徳一に工匠や仏師を添えて下し、建立された荘寺・恵日寺(現勝常寺)であり、耶麻郡恵日寺は徳一が建立した寺院である」と説かれる。恵日寺の名を耶麻郡に移す時に、藤原氏の荘寺を勝常寺としたという。

小林清治氏は「勝常寺(福島県河沼郡湯川村大字勝常代舞。真言宗豊山派。瑠璃光山)は大同年中空海創建の所伝があるが、恵日寺などとともに徳一の開創」とされている。

勝常寺の薬師三尊像は天平的性格の残る地方色の濃い貞観仏で、その他の仏像とあわせて一二軀が重要文化財。会津五薬師の中央薬師といわれる。勝常寺の仏像群については、中央の仏師を引率したことが推定されている。

会津五薬師は、勝常寺を中心とした、恵日寺(東)・日光寺(西)・大正寺(漆村)・火玉寺(南)・勝常寺(中央)で、天長元年(八二四)会津から筑波に下向し中禅寺を中心に教化した徳一が配した筑波四面薬師の先例となったと考えられる。

恵日寺には「永正の古図」といわれる恵日寺絵図(福島県指定文化財)が残されており、永正期(一五〇四～一二)の様子を推定することができる。中門・舞台・金堂・根本堂・両界堂・白山社

図16　恵日寺絵図（福島県指定文化財。恵日寺資料館提供）

などが一直線上に南北に配置されており、その西側に講堂、東側に三重の塔が並んでいる。高橋富雄氏は「恵日寺は徳一廟を中心に成立したといってよい」、「恵日寺の信仰と磐梯山の信仰が全く重なっている。筑波山寺と同じ」と述べられている。恵日寺の場合には磐梯神社の奥の院という形で、神仏習合による教化が行われたと考えられている。

『会津旧事雑考』の伝える徳一創建の寺は以下のようである。

勝善寺　小川荘実(宝)川村　工匠大和国猿沢池辺、水口、八右衛門。

円蔵寺　稲川荘楊津　小柳津は工匠をおいた地、大野は材木を集めた地。虚空蔵を安置。

如法寺　稲川荘野沢村　徳一がひらき、観音像を安置（大同元年）。
光泉寺　稲川荘大野村　六地蔵を安置。
仁王寺　大沼郡仁王寺村　徳一刻の薬師および十二神将を安置（大同二年）。

『元亨釈書』に「慧日寺に終わるも、全身壊せず」とあり、徳一は恵日寺に入寂したとする説が有力である。「永正の古図」にも「徳一廟」の記載があり、恵日寺跡の徳一廟から出土した「徳溢」の銘をもつ江戸時代の礎石経には「南無徳溢菩薩法楽」の供養文があるという。「恵日寺代々先師」は「弘法　徳溢　金耀　刷雄　仁豊」と次第している。

4　常と奥の両陸の境での教化

①いわき地方

正嘉元年（一二五七）愚勧住信が常陸において撰述した説話集『私聚百因縁集』に、「就中、常と奥の両陸の境、殊に盛んなり」とあり、陸奥国と常陸国の境であるいわき市域には徳一伝承が著しい。「常と奥の両陸の境」は蝦夷地との境であった。

『神名鏡』には、「徳溢大師、内麻呂、恵美押勝ト申セシ其ノ子也。法相宗南部《（都カ）》ニ御座マス。春日鹿島法相擁護ノ神御座ヌレバトテ、常州鹿島ニ下リ、筑波山四十八ヶ所ノ霊場ヲ建立ス。

加之、国中数十ヶ所建立ス。多クハ観音、薬師像也。中ニ、長谷寺、平城御願ト号シ、大同二年丁亥建有ル也。又、奥州会津ニモ清水寺トテ観音ノ像ヲ立テ、磐梯大明神ヲ鎮守トシテ御歌ニ云ク、縁有レバ我又金ト磐梯ノ山ノ麓ト清水ノ寺。イハハシトハ、磐梯大明神也。……。其ノ寺号ヲ改メテ、恵日寺ト号スト云ヘリ。又、同国岩崎ノ郡、湯嶽ニ観音像ヲ建立、供養ノ儀式ノ刷《（ママ）》給フ。又戒定恵ノ三箱ヲ此ノ嶽ニ納メ給ヒシニ依リ、此ノ嶽ヲ三箱ノ山ト云フ。麓ノ湯ヲモ三箱ノ湯ト云ヒ習ヒ学バセル也。大進西明寺ト云フ所ニ御入定有リ。今、閑カナル夜、鈴ノ音ス、ト云ヘリ。」とある。

湯嶽観音堂は、いわき市を一望におさめる名峰湯嶽山（標高五九四メートル）中腹にある。高橋富雄氏は頂上に戒定慧三学の箱を納めたので、湯嶽山は三箱山ともいうと述べておられる。いわき市常磐藤原町田場坂の法海寺（真言宗）は、湯嶽観音堂（十一面観音堂）の別当寺であったといい、高橋氏は、いわき市湯本所在の宇治山長谷寺（曹洞宗）を、会津恵日寺・筑波山中禅寺と並ぶもう一つの徳一根本大寺と考えておられた。『神名鏡』に「春日鹿島法相擁護ノ神御座ヌレバトテ、常州鹿島ニ下リ、筑波山四十八ヶ所ノ霊場ヲ建立ス。加之、国中数十ヶ所建立ス。多クハ観音、薬師像也。中ニ、長谷寺、平城御願ト号シ、大同二年丁亥建有ル也」とある長谷寺がこれに相当すると考えられ、会津恵日寺・いわき市長谷寺・筑波山中禅寺を徳一が東国で教化した三代地域と考えておられた。

長谷寺については、筑波山山麓八郷町吉生（現石岡市）の峰寺西光院の山麓に立木山高照院長谷寺があった。同寺の本尊十一面観音立像（県指定文化財、立木仏）は、現在、峰寺西光院に移されているが、足もとに木の根を寄せて立木に彫ったようにみせる立木仏として名高い。後藤道雄氏は、神仏の習合が進むにつれて、山上に立ったままの霊木に仏像を彫った、いわゆる立木仏として紹介しておられる。「大和神野寺で修行中に、天の告げを得て、東国修行に向かった」という山林修行者としての徳一の教化を感じさせる立木仏である。『神名鏡』に記された長谷寺は筑波山寺との関係からも、立木山高照院長谷寺の可能性が高いと思われる。

また長谷寺としては茨城県常陸太田市長谷町（真弓山西側の谷間）にも真言宗太平山普門院長谷寺があった。中世は上入野（東茨城郡城里町）小松寺末で、高貫山の内堂平観音別当であったが、寛文六年に廃寺となっている。以後、長谷寺の呼称は、徳川光圀の推挙によって大先達（本山派聖護院末）となった密蔵院に移っている。密蔵院は長谷寺を相続して朱印地六五石を有し、観音別当や大宮明神別当を兼ねた⑮。

高橋富雄氏は「いわき地方、すなわち陸奥国石城《いわき》ないし磐城《いわき》と呼ばれた地域は本来「常陸の奥」とされた地域で、筑波を拠点に常陸地区の寺院づくりを進めた徳一一連の仕事が、最北の部分を陸奥国磐城郡にとどめたもの」と考えておられる。いわき市遠野町入遠野入定には、伝徳一の墓が存在しているという。

いわき市勿来関田の松山寺・久の浜の波立寺《はったちじ》・遠野円通寺・妙光寺・常磐藤原町法海寺・小名浜林禅長寺なども大同年間徳一の創建を伝える。おそらく藤原氏とのかかわりあいもあったのであろう。藤原川を中心に徳一教化の跡が残っている。

中禅寺を中心とした筑波地域が、明治初年の神仏分離の影響で、遺跡を確認できない部分が多いなかで、いわき地方には大同年間の伝徳一作の仏像が多く跡をとどめており、貴重である。

いわき市常磐上湯長谷町堀ノ内、長谷寺（曹洞宗）。本尊十一面観音は徳一作。

いわき市遠野町深山田、妙光寺（臨済宗）。大同二年徳一開山。徳一像。

いわき市遠野町入遠野久保目、入定。徳一墓所。

②佐竹寺と稲村神社

久慈川は茨城県北部を流れる一級河川である。茨城・栃木・福島三県境の八溝山北斜面を水源とし、福島県棚倉町を流れて茨城県に入り、大子町・大宮町を経て、日立市南部で太平洋に流入する。浅川・玉川・山田川・里川などの支流がある。

佐竹寺《さたけじ》（妙福山妙音院、真言宗豊山派、常陸太田市天神林町）は久慈川の支流山田川から分かれた里川の分かれ、源氏川の西方の台地上の天神林集落の台地上にある。徳一創建の伝えがあり、本尊は十一面観音。寺伝（正徳四年〈一七一四〉）によると、大同二年（八〇七）徳逸の草創で、寛和元年

(九八五)花山天皇の勅願で元密が堂宇を創建し、永延二年(九八八)明音院の勅額を下されたという。当寺ははじめ鶴ヶ池北の洞崎の峰(稲村神社の北の山)にあり、観音寺と称していた。

寛文三年(一六六三)『水戸藩開基帳』には、「当寺本尊十一面観音坂東巡礼札所廿二番也。開基者人皇六拾五代花山院御宇寛和元乙酉年(九八五)徳溢大師之御建立。当卯ノ年迄百七拾九年」とある。徳一没後の開基伝承であるが、花山法皇の三十三観音巡礼に依拠したものであろう。

菊地勇次郎師は「佐竹寺自体に山林修行の影はないが、旧跡は多賀山系の突端の山麓にあたり、播磨の天台宗書写山の性空に帰依した花山天皇によせた草創の由来は、常陸で天台宗の山寺による徳一伝承が、そのひろまりとともに、いつの時期にか佐竹寺にもとりいれられたのを暗示する」と説かれる[16]。

嘉祥二年(八四九)四月七日、久慈郡稲村神は、水旱の時に必ず霊威があったと、官社になっている。稲村神社は日本武尊東征の際に、この地に七代天神を祀ったともいう。元慶二年(八七八)八月二三日、正六位から従五位下。仁和元年(八八五)五月二二日、従五位上。久慈郡七座のうちの小社。

久慈川一帯には秀郷流藤原氏の伝承が著しい。平将門を追討した藤原秀郷五世の孫公通の二子通延・通直が那珂川上流から久慈川中流域に進出し、通延は太田郷に居住して太田大夫を称し、孫の通盛が佐都西郡小野崎に居館して太田大夫を称した。

佐竹寺に残る徳一伝承を、久慈川の水旱と稲村神の官社への昇進、秀郷流藤原氏の後裔の支配と結びつけて考えることはできないだろうか。

佐竹寺は、鎌倉時代に佐竹初代昌義の帰依によって寺領三〇〇貫を与えられ、代々佐竹氏の菩提寺として外護された。真言宗への改宗は文永六年（一二六九）である。久慈川の支流山田川には、忍性の伝えが残っている。

③那珂川周辺

那珂川は、栃木県北部・茨城県中北部を流れる一級河川である。幹線流路延長一五〇キロ。うち茨城県内約四九・五三キロで、東茨城郡の北部を南東に流れ、水戸市を経て那珂湊と大洗の間で太平洋へ注いでいる。県内を流れる那珂川を古代には「粟川」と呼び、『常陸国風土記』に「郡より東北のかた、粟河を挿みて駅家を置く」とある。

中世以前の自然災害を明らかにすることは困難であるが、応永一五年（一四〇八）一月一八日には「野州那須山焼崩、同日硫黄空ヨリ降リ、常州那珂川硫黄五六年也」とあり、那珂川は那須岳の影響を受ける暴れ川でもあった。

桂村孫根の壁面観世音――前述しているが、那珂川上流右岸の西部山麓地帯、東茨城郡城里町孫根には岩壁に徳一が刻んだという石窟がある。

「水府志料」に、「古より此の辺を観世音と呼び、惣名は孫根にてありしを、此村の内岩壁に一の石窟あり。方六尺ばかり、中に十一面観世音を彫付たり。徳溢上人の刻む所と云伝ふ。村名これに起ると云。徳溢は桓武帝の時の僧にして、延暦中、筑波を開山せしと云」とある。聞きとりによると、徳一が村人の安穏を祈って一晩で彫りあげた観音で、目だけを彫り残した時、夜が明け鶏が鳴いたので、そこで中止した。「目なし観音」として現在でも信仰を集めているという。

大洗《おおあらいいそざき》磯前神社と酒列《さかつらいそざき》磯前神社――那珂川下流の鹿島灘に面した大洗磯前神と酒列磯前神が天安元年（八五七）に官社になっている。

斎衡二年（八五五）五月、地震によって東大寺大仏の仏頭が落下し、人びとの心の中には大きな動揺があった。こうしたなかで翌斎衡三年一二月に常陸国から木蓮理の瑞祥を奏言している。大洗磯前に神が降ったともいう。翌年二月には木蓮理の瑞祥によって「天安」と改元され、八月に大洗磯前と酒列磯前神が官社となっている。

所在地は古代には陸奥につながる水運基地であった。那珂川をはさんで、那珂湊に酒列磯前、大洗に大洗磯前薬師菩薩が所在しているのは、那珂川を扼《やく》する（抑える）意味があったのであろう。「在常陸国大洗磯前、酒列磯前神等官社に預る」（『文徳実録』）とあり、酒列磯前神は神仏習合によって薬師菩薩明神となっている。

明治四一年一一月に藤原高景の記した「酒列磯前神社祖先由緒録」では、磯前氏は常陸国鹿島郡宮田の郷を支配した宮田高継で、斉衡三年（八五六）一二月に夢中の告げがあり社司となったといい、高継は姓藤原氏、称宮田氏であるといい、磯前氏と藤原氏との関係を強調している。巨勢麿の四子弓主は常陸国鹿島郡の女との間に宮田をもうけたといい、宮田は従五位下に任じられている。

こうしたなかで、ひたちなか市（旧那珂湊市）華蔵院（真言宗）と、光明寺（旧勝田市、時宗）にも徳一の伝えが残っている。

四　徳一開創寺院の諸問題

1　筑波山中禅寺の法系をめぐって

徳一没後の法相宗中禅寺の推移を確かめることはできないが、治承三年(一一七九)五月「常陸総社造営注文案」では「忌殿一宇五間萱葺　筑波社」とあり、筑波社は石岡市石岡にある常陸国総社宮の造営を負担していた。多気義幹の支配下と考えられる[17]。

建久四年(一一九三)筑波郡の支配は多気義幹から八田知家に移り、建保六年(一二一八)三月八田知家が没すると、七男知勝は出家して解意阿と称し時宗新善光寺の祖となり、八男為氏(一説に九男)も出家して筑波山中禅寺の別当明玄となったと伝える。

『新編常陸国誌』に、

〔小田〕筑波郡小田村ヨリ出ヅ。其先ハ関白藤原道兼ニ出ヅ。道兼三世孫宗円僧トナリ下野宇都宮座主ニ補セラル。其子宗綱、後伯父兼家ノ子トナリ、宗円ノ遺地ヲ領シ、宇都宮氏ト称シ、下野八田ニ居リ、八田権頭ト称ス。二子アリ。長ハ朝綱、次ハ知家。知家十子アリ。小田、伊志良、茂木、宍戸等ノ祖ナリ」〔筑波〕筑波郡筑波村ニ起ル。知家ノ九子明玄僧トナリテ、筑波山中禅寺別当ニ補シ、法眼ニ叙ス。子如仙、其子朝仙権少僧都タリ、子

孫相続テ別当タリ。

とあり、平安時代半ばは常陸大掾家の外護を得た天台宗としての筑波山中禅寺を想定することができる。

こののちの筑波山中禅寺の推移は明らかではないが、以後地頭職は知重・泰知を経て、小田時知に伝領されたと考えられている。

小田時知の外護を得て、建長四年（一二五二）筑波山麓三村寺に止住して西大寺流真言律をひろめた忍性の活動を考えると、筑波山中禅寺も真言律の影響下に移ったと思われる。

建長四年九月鎌倉を経て鹿島社に参詣した忍性は、鹿島で小田氏と知り合ったと考えられているが、小田氏と鹿島社との関係については、小田氏が南北朝期に鹿島社の造営を担当しており、これは鎌倉時代にまで遡りうると推定されている。

この間の変化を「常陸国総社宮文書」から考えると、文保二年（一三一五）五月四日「小田貞宗請文」に、

常陸国惣社神主（清原）師幸幷供僧等申、当社造営事、去正和五年九月廿四日御教書案・訴状、去年十二月廿日御催促状、謹承候畢、筑波社三村郷分、全無造営之例候、胸臆之説、更不及御信用候、以此旨可有御披露候、恐惶謹言

文保二年五月四日　　前常陸介貞宗（小田）請文

とあり、貞宗は筑波社領三村郷については、これまで総社造営に課役を勤仕した例はないと返答している（小幡・菅間両郷地頭藤原氏女も総社造営に課役を勤仕した先例はないと返答）。

治承三年（一一七九）五月に総社造営を担当していた筑波社は、地頭職が八田知家―知重―泰知―時知と継承するなかで総社造営に関与しなくなり、文保三年（一三一九）貞宗の代に改めて、筑波社三村郷地頭小田常陸前司（貞宗）として、総社造営に関与するようになったと考えられる。総社造営に関与しなくなった年代は、忍性の教化で真言化した年代と重なる可能性がありそうである。

承和三年（一三七七）筑波山空浄上人は浄土宗の僧了誉聖冏《しょうげい》と「鹿島問答」をしている。『日本大師先徳明匠記』には、野州中禅寺学頭静什とともに、常州筑波山住居の知覚・静弁の名が見える。信太荘円密院の什覚が、信州越知《おち》上総の竪者《りっしゃ》静什《じょうじゅう》（天台宗檀那流福是山談義所能化）の弟子であるので、南北朝期の康暦年間（一三七九〜八一）には日光山と筑波山・霞ヶ浦を結んだ線上に天台宗檀那流の教線が展開していた様子を推定でき、日光山中禅寺と筑波山中禅寺および加波山中禅寺との関係を想定できるように思われる。また康暦二年（一三八〇）什覚が注記した「檀那門跡相承資幷恵心流次第」に「築（筑）波に寶地房の碩学永海法印」とあり、「一切経を暗に覚えたりという智経」の存在が知られ、筑波山周辺に天台宗がひろまっていたことを察知できる。『山家最要略記』には、応永二年（一三九五）一二月一八日に常州筑波山麓雲鳥寺

熊野談所で心什が書写した旨を記している。

空浄は「筑波山空浄上人釈迦堂造り玉う。今安居院是也」とあり、承和三年、浄土宗の僧了誉聖冏と「鹿島問答」をしている。

中禅寺は応永五年(一三九八)落雷によって焼失したが、元海(源海)によって中興された。

元海(源海)—玄朝—潤朝—頭朝—大暁—宥玄—宥叡—宥義—俊在
源海ははじめ天台を学び、のち真言に入ったと記し、一山衆徒の推薦で知足院住持に迎えられ、再建に励んだという。源海は十穀の賞美を断ち、ひとえに浄刹を欣《よろこ》んだといい、徳一について、戒律をまもる僧として人びとの崇敬を集めた。

『筑波山流記第六』に、
それ源海大僧都は大堂再興の願主なり。無比の大菩提心を発し、十穀の賞美を断じ、偏に浄刹往詣を欣ぶ。しかるに則吾身の木像を彫り、徳溢菩薩御宮殿内に案(安)座す。先賢同人の恐れその憚りあるといえども、浄名方丈室屈無数の凡聖、自受法楽の説法間断無くと見たり。

とある。

応永三一年(一四二四)一〇月一〇日「鎌倉御所足利持氏御教書」によると、常陸国真壁郡白井郷真壁安芸守跡が足利持氏から鹿島神宮へ寄進され、筑波氏と足利持氏との接近した関係がみられ、筑波越後守・小幡左近将監(ともに小田氏の庶流)がその事後処理を命じられている。

鎌倉御所足利持氏御教書案真壁安芸守跡事、早守御寄進状之旨、築（筑カ）越後守相共
莅彼所可被沙汰下地於鹿嶋太神宮雑掌之状、拠仰執達如件

応永卅一年十月十日　　藤原（上杉憲実）判

小幡左近将監殿

潤朝と父玄朝は結城合戦（永享一二年〈一四四〇〉）に戦功のあったことで知られる。享徳四年（一四五五）二月の「筑波潤朝軍忠状」によると、筑波法眼玄朝と叔父熊野別当朝範は結城合戦に公方方につき、結城氏朝を援助し、本宗小田氏は幕府方についている。

文明十八年（一四八六）九月二四日、聖護院道興《どうこう》が筑波山に登拝している。道興は園城寺一三七世、室町幕府と密接な関係をもち、聖護院門跡・熊野三山検校、新熊野検校を歴任した。文明一八年から一九年にかけて東国を巡暦しており、当時の筑波山は、金剛峯寺の熊野修験霊山であったと考えることができそうである。

明応元年（一四九二）宥玄が真言宗に改宗。同七年には醍醐寺に登って澄恵から受法した。筑波山中禅寺中興と考えられている。明応三年七月寂。七三歳。こののちの院主も醍醐寺僧から受法している。

天正一二年（一五八四）中禅寺は兵火により焼失した。同一八年（一五九〇）筑波山知足院宛に豊臣秀吉から朱印状が出されているが、当時の筑波山知足院の状況は明らかではない。

江戸時代に入って、筑波山知足院は幕府の外護を得て隆盛をみるようになった。徳川家康は慶長五年(一六〇〇)大和国長谷寺の宥俊(慶長一四年三月九日寂)を筑波山別当に補任し、中興初祖とし、一一月二五日に筑波山神領として五〇〇石を安堵している。同一五年(一六〇二)八月二四日「徳川秀忠黒印状写」では、筑波山寺領として南麓の地五〇〇石が安堵されているが、幕府の外護は神領から寺院領へ変わり、神域であった筑波山は仏教中心の霊地となり、衆僧も清僧であることが義務づけられており、筑波の神の影響は薄くなっていった。

徳川秀忠黒印状写

常陸国筑波山寺領事、於南麓之地五百石令寄附之訖
全可寺納、並寺院近来持成於山林剪採竹木事、令免許者也、
然而衆僧事従中古爾来清僧妻対相交云々、所詮任上古之法例、
一職相定清僧上者、存其旨、法度以下堅申付、
弥可抽国家安治之懇祈之精誠者也、仍如件

慶長十五年八月廿四日　御黒印(徳川秀忠)

知足院

二世光誉は慶長一五年に筑波山中禅寺の別当職を継ぎ、同時に江戸に設立されていた中禅寺別院の護摩堂(江戸知足院)の経営にあたり、在府となった。このの ち幕府の外護は篤くなり、

三代将軍家光は山頂両社を修復し、本堂(大御堂)・三重塔・鐘楼・楼門・神橋・境内社(春日・日枝・厳島)の造営を起工した。

五代将軍綱吉の時には、大和長谷寺隆光を別当として、筑波村のほか沼田村・臼井村一五〇〇石が寺領となっている。

筑波山は幕末にいたるまで幕府の外護を得て神仏習合の霊山として発展し、文化八年(一八一一)十二月十八日、三五世賢慶の代に筑波山本尊千手観音が開帳された。明治初年の神仏分離の際に中禅寺は廃寺となり、筑波神二座が筑波山神社となった。更に明治八年(一八七八)中禅寺大御堂《おおみどう》跡に拝殿が完成し、坂東三十三観音霊場札所となった。

2　徳一開創寺院の真言律宗化

徳一が創建した法相宗寺院が真言律宗化するのは、西大寺叡尊の弟子忍性の東国下向・教化によってである。

奈良の西大寺は天平宝字八年(七六四)の藤原仲麿の乱の翌年、称徳天皇の発願によって鎮護国家を祈願する四天王の道場として開創された。その偉容は東大寺と双璧を成したが、鎌倉時代の初めにはわずかに堂塔を残すのみとなっていた。

叡尊(一二〇一~九〇)は鎌倉中期の律宗の僧で、西大寺を中興し、釈迦在世中に厳しく守られ

ていた戒律の復興をめざした僧である。

忍性は、延応元年(一二三九)九月、母の一三年追善供養に先立ち西大寺で叡尊に謁し、翌仁治元年三月叡尊を師として出家し、西大寺に住し律を受学した。寛元元年(一二四三)関東下向を試み、伊豆山権現に身を寄せた。この第一回目の関東下向は短期間であったようで、七月には西大寺に戻り、翌二年二月叡尊を屏風里に招き、亡母一三回忌を営み、癩者に施与している。

約一〇年間の西大寺での修学の後、第二回目の関東下向が行われた。建長四年(一二五二)九月一五日、鎌倉を経て鹿島から常陸入りをした忍性は、小田時知の外護のもとに三村山清冷院に住み、律宗復興の関東の拠点としたと考えられている。

桃崎祐輔氏[18]は、建長四年八月まず鎌倉に入った忍性は、布教する間もなく常陸に向かい、九月鹿島社に参詣後、安居寺にしばらく滞在し、この時造営役として鹿島社修造に当たっていた若き日の小田時知と出会ったと考えられている。十二月には三村山に入り、清涼院で律をひろめ、多くの僧の帰依を受け、遂には住職に寺房を譲られたと伝える。和島芳男氏[19]は三村寺は八田知家の菩提寺であったと述べられている。以後鎌倉に移るまでの一〇年間、忍性は筑波山麓の教化に努めた。この間三村寺を拠点として、徳一教化の寺が真言律宗化している。

具体的な事例を通じて、その様子を考えてみよう。

徳一が教化の中心とした筑波山中禅寺については先述しているが、平安時代半ばには常陸大

掾家の外護を得て天台宗化していたと考えられる。八田知家―知重―泰知―時知と相承するなかで、いつのころからか総社造営に関与しなくなり、文保三年(一三一九)貞宗の代に改めて関係を戻している。この総社造営に関与しなくなった年代は、忍性の教化で真言化した時期と推定される。

また椎尾の薬王院については、徳一のひらいた法相宗の寺であったが、延暦元年(七八二)最仙によって天台宗に改められ、天長二年(八二五)には円仁によって談義所として中興されたという寺伝をもっている。しかし、忍性の関東下向後はその影響を受けたと伝え、真言律宗に改められたといい、本尊の金剛薬師如来像は清涼寺式の頭髪を有している。さらに、忍性が鎌倉に移ってからであるが、弘安元年(一二七八)忍性が椎尾山頂に宝塔を建立したとされている。

同じく徳一の建立した筑波四面薬師の一つであった東城寺(土浦市東城寺)は、平安時代には常陸大掾家の外護を得て、比叡山の学僧たちと法縁があり、保安三年(一一二二)・天治元年(一一二四)の経塚がある天台宗の寺院であった。しかし建長四年一二月忍性が近くの三村寺に入ってからは、東城寺もその影響を受けて真言化したと考えられている。建長五年、忍性は三村寺と周辺の東城寺・般若寺(土浦市穴塚)の三寺で「不殺生界」(三村寺)、「大界外相」(東城寺・般若寺)の結界石を供養している。

茨城県稲敷郡阿見町追原《おっぱら》の蔵福寺は、もと塙村字東観山に所在した。応永初期精満によって

中興された。寛正四年(一四六三)七月二八日の奥書のある「大毘盧遮那神変加持経」巻四に、「常陸国信太庄塙蔵福寺什物」(東成寺蔵)とあり、東城寺との関係を指摘できる。

金沢文庫『忍性菩薩　関東興律七五〇年』[20](平成六年、茨城県指定文化財)について述べている。では、阿見町追原の蔵福寺(真言宗)安置の阿弥陀三尊(平成六年、茨城県指定文化財)について述べている。中尊阿弥陀如来像は建長四年一二月に筑波山麓に所在した東城寺の僧栄印が施主となり、西圓・了忍が結縁して、仏師有慶が製作したものであるが、御家人笠間時朝が建長二年に常陸守護小田知重の供養のために摺写した経典を納入している。

仏師讃岐別当有慶

西圓(花押)

建長二二年大歳壬子十二月十五日　了忍

奉造立　信心大施主　大日本国常州東城寺

住侶玄臺坊栄印(花押)

筆師性明

「このことから三村寺入寺(一二月四日)後、一一日に行われた本像の造立に忍性が立ち会った、さらに言えば開眼供養などを行った蓋然性は極めて高いのではないか」と述べておられる。とすると、忍性の布教に関連して、霞ヶ浦から東城寺への道筋が推定されそうである。

蔵福寺の所在地茨城県稲敷郡追原に徳一教化の跡を探索できないでいるが、蔵福寺の前寺があった隣村塙に諏訪廃寺跡があり、軒丸瓦は奈良時代前期様式のものと考えられている。また追原と隣接した竹来《たかく》郷には天平宝字五年（七六一）三月高麗の人達沙・仁徳らが朝日連の姓を与えられて定着したといい[21]、古くから仏教文化にふれていた地域である。また信太荘古渡の円密院には法相宗であったという伝えがあり、円密院文書永徳二年（一三八二）一〇月「長慈置文」には佐倉郷権現堂に律僧が住持していたことを記している。

西大寺は叡尊によって復興の途にあったとはいえ、依然興福寺の末寺としての域を脱することはできなかった。忍性は関東に下向するに先立ち、藤原氏の氏神である春日社に詣でている。

図17　蔵福寺阿弥陀三尊像

常陸入りした忍性は法相宗擁護の神・鹿島の神が鎮護する霞ヶ浦を教化し、北浦・霞ヶ浦を通って三村入りしたと考えることができそうである。

延方普門院（潮来市延方）――竜雲山普渡寺《ふとうじ》。真言宗豊山派、本尊地蔵菩薩。所在地延方は、神宮橋で大船津につながり、鹿島神宮への道筋であった。

地蔵堂は古くから当地にあり、海雲山宝殊院が別当であった。本尊地蔵菩薩については、忍性が鹿島

神宮の神木・南枝で三体の地蔵菩薩像を彫り、鹿島の普済寺・大船津の普渡寺・州崎の地蔵堂に安置したと伝えられ、地蔵堂の本尊地蔵菩薩像は北浦の航路安穏を祈る「船越地蔵」として信仰された。

のち宝殊院が廃寺になったために、延方の普門院（庄厳寺）が移されて別当を勤めるようになり、龍雲山普門院普渡寺と称するようになった。

「水戸藩開基帳」に、「普門院、除七石。寺応安三庚戌建立より当卯迄三百弐拾年。此寺古者上戸村小野詰ニ有之候所、……荘厳寺ト名ケ、依諸人参詣ニ普門院ト申候。末寺弐ヶ寺、門徒三拾壱ヶ寺、百姓旦那六百五拾人」とある。

上戸《わど》村には、本尊を聖観音とする瑠璃光山観音寺があり、徳一創建の伝えがあった。『水戸藩開基帳』に「はじめ筑波山徳一によって、尾之詰《おのづめ》の台地に創建されたが、後に現在地に移建された」とある。

穴塚般若寺（龍王山釈迦院）――本尊釈迦如来。建長五年（一二五三）七月二九日の日付をもつ結界石や鎌倉地方様式の釈迦如来立像が安置されている。二基の結界石は小田や三村よりも早い。

国指定重要文化財に指定されている銅鐘は、建治元年（一二七五）常陸国人源海實道坊を大勧進として、鎌倉露座の大仏の大工丹治久友の作とされ、三村山清冷院極楽寺、潮来の長勝寺の梵鐘とともに県内三古鐘のひとつとされている。建治元年は鎌倉極楽寺四十九院が焼失した年

にあたる。鐘銘に「願以功徳　普於一切　我等与衆生　皆共成仏道」とある。

般若寺に徳一の伝えはないが、桜川下流下高津常福寺（新義真言宗）には徳一が刻んだと伝えるびんずる尊と定朝様式を受け継いだ本尊薬師如来坐像（国指定文化財）が安置されている。

三村山極楽寺（跡）――三村寺は小田氏四代時知の創建と伝えられるが、それ以前の建立が推定されており、和島芳男氏は八田知家の菩提所であったとされる。

建長四年（一二五二）一一月四日小田氏の要請によって忍性が入寺し、約一〇年間止住し教化した。小田に残る不殺生界の設定を行った桔界石や鎌倉極楽寺忍性塔に類似した五輪塔、宇尼入りに建立された正応二年（一二八九）銘の地蔵菩薩立像などから往時の忍性の活動を偲ぶことができる。

旧寺域内で出土・採取した塼《せん》は常陸国分寺の瓦塚瓦窯跡などで出土したものと類似し、三村山寺に拠った忍性関係の寺々に多く出土する平瓦は、当時瓦葺建物があったことを示唆し、筑波神社社務所建設時に出土したという古瓦片と類似しているという。

東城寺――中禅寺を中心とした徳一教化のなかで、四面薬師のひとつとされる寺院である。保安三年（一一二二）・天治元年（一一二四）の銘をもつ経塚の存在から、平安時代は常陸大掾平致幹を大檀那として比叡山延暦寺の学僧と法縁のあったことが知られている天台宗の寺院であった。嘉禎三年（一二三七）広智上人坐像が安置されている。建長五年（一二五二）忍性が結界し、真

言宗に改めている。

福泉寺（鉾田市）（鹿島郡大洋村大蔵）――釈迦如来立像。福泉寺は北浦水運の要衝に所在し、小幡観音寺と対称の位置にある。同寺は府中の大掾高幹の次男忠幹が国家鎮護のために寺田を付して建立したと伝える。開山は恵光とされる。

福泉寺釈迦如来像は、金沢文庫史料によって律寺であったことが確認される千葉永興寺（茂原市）の釈迦如来立像、京都清凉寺の釈迦如来立像と作風が近似するとされる。永興寺像は像内納入品によって文永一〇年（一二七三）ころの造像であると考えられている。

観音寺（行方市）（行方郡北浦村小幡）――如意輪山普門院、天台宗西蓮寺末。『天台宗観音寺略史』によると、大同三年万海の創立という。本尊阿弥陀如来の胎内銘札（宝永四年〈一七〇七〉）に、「本堂如意輪尊客殿行基御作、当院開山万海聖人、中興忍性上人」とあり、忍性中興像と伝える四天王像がある。

観音寺は文応元年（一二六〇）五月、地頭小幡大炊助平相正を外護者として中興され、忍性によって真言律の寺に改められたと考えられている。山田川をはさんだ北浦側の円長寺（両宿、最仙隠居の寺）と霞ヶ浦に面した西蓮寺は、行方における古代仏教につながる天台の地であった。その間を縫うようにして忍性は山田川を登り観音寺へ足を進めたものと考えられる。

正平六年（一三五一）、観音寺は西蓮寺東範を中興として、天台宗に改められている（如意輪山観

音寺）。

椎尾薬王院（桜川市）（真壁郡椎尾）――天台宗。薬王院は筑波山系に連なる椎尾山に所在する。寺伝によると、徳一のひらいた法相宗の寺であったといい、最仙のひらいた天台宗の寺であったともいう。天長二年（八二四）慈覚大師が再興し、談義所として盛時には四四坊を有していたともいう。

鎌倉時代になって三村寺を中心に教化した忍性によって中興された。

薬王院薬師如来像の頭髪部は、裸髪ではなく、髪筋に縄目を刻み渦巻き状にあらわしており、清凉寺式釈迦如来像と同形式である。このことから薬王院も、徳一開基の法相宗寺院であったが、平安時代に天台化され、鎌倉時代忍性の関東下向後は真言律の影響下にあったと考えられる。薬師如来像の慶派風の太い体軀と、意志的な面貌表現は、鎌倉時代前・中期的な作風と考えられている。

「性公大徳譜」によれば、弘安元年（一二七八）忍性は椎尾山頂に宝塔を建立した。忍性が鎌倉に移ってからの事跡である。

千葉永興寺《えいこうじ》薬王院（千葉県茂原市三ヶ谷《さんけや》字大門）――天台宗。所在地は藤原黒麿―春継―良尚と継承された藻原荘の南方一ノ宮流域で、永興寺は中世三ヶ谷郷にふくまれており、三ヶ谷寺と呼ばれていた。

永興寺の木像釈迦如来立像は京都市右京区清涼寺にある仏像と同形式で、鎌倉時代後期の作とされている(県指定文化財)。胎内に納められていた文永一〇年(一二七三)六月一八日の願文に「上総国三ヶ谷郷　永興寺」とある。胎内文書は写経と願文で、文永一〇年六月一八日、七月一四日の年紀があり、写経は法華経・般若経で、願文には尼のものもあるが、納入者を藤原一族とする説もある。(22)現在は天台宗であるが、文永一〇年当時は真言律宗の影響下にあったと考えられる。

金沢文庫所蔵の聖教奥書に建武四年(一三三七)六月七日の年紀銘をもつ「三谷永興寺用之」などの金沢称名寺三代湛睿の自筆書入れがあり、一四世紀半ばころに称名寺と密接な関係があったことがわかる。

武蔵金沢称名寺(横浜市金沢区金沢町)――西大寺末。武蔵金沢称名寺は、金沢《かねざわ》北条氏一門の菩提寺で、金沢氏の祖北条実時が六浦荘金沢の居館内に営んだ持仏堂がもとになっており、称名寺は建長八年(一二五六)の草創と考えられている。正嘉二年(一二五八)実時の堂廊において伝法灌頂が執行されており、当初は念仏寺であった。

文永四年(一二六七)九月下野薬師寺から妙性房審海を開山として迎え、真言律の寺に改宗しているが、審海の入寺は忍性の推挙によるとされている。審海は建長八年(一二五六)称名寺草創にあたり、常陸鹿嶋明神を鎮守とし、こののち三村寺忍性を慕い、たびたび三村寺を訪れた

という。

鎌倉時代の称名寺は、戒壇のほかに灌頂堂・護摩堂をもつ戒律・真言の道場として興隆するとともに、八宗にわたる経巻・聖教を収める関東有数の経蔵を擁し、当寺において書写された経典の一部が金沢文庫に伝存する。

叡尊━┳━慈猛（下野薬師寺）━━審海（武蔵金沢称名寺）
　　　┗━忍性（常陸三村寺　鎌倉極楽寺（福泉寺、椎尾薬王院、千葉県茂原市永興寺））
　　　　　┗━禅意（いわき薬王寺）━━真源（下総慈恩寺）

福島県いわき市は「常と奥の境」として、徳一創建伝承が著しい地域である。

磐城薬王寺（いわき市四倉町薬王寺塙）は仁寿年間（八五一～八五四）に筑波の徳一が開創したと伝え、鎌倉時代は叡尊の弟子禅意によって中興された真言律宗の寺院であった。

大和額安寺忍性塔から発見された骨蔵器刻銘に、「奥州岩城郡東海道所生　相州極楽寺住持比丘禅意心一心所」とあり、禅意は極楽寺の教線をいわき地方に伸ばした最初の僧と考えられている。嘉元三年（一三〇五）八月晦日寂。[23]

禅意の弟子真源は、叡尊の弟子でもある律僧で、下総慈恩寺をひらき、文保元年（一三一七）

慈恩寺で禅意十三回忌を修している。また真源の弟子観蓮坊実真は慈恩寺から金沢称名寺へ移っている。

忍性の布教が筑波山麓の徳一教化の地盤で、抵抗なく受け入れられたことについては、以下のようなことが想定される。

●徳一は興福寺や東大寺で学問した学僧であったが、都での僧の華美を嫌い、戒律を重視した僧であった。忍性は戒律の復興をめざした西大寺叡尊の弟子であった。当時西大寺はかなり復興されているといっても、興福寺の支配から脱するほどの勢力はもっていなかった。興福寺は法相宗の大本山であり、藤原氏の氏寺であった。建長四年九月常陸入りをした忍性は藤原氏の氏神鹿島に詣で、法華経を読誦して、律宗の弘布を祈っている。

●三村寺止住については、鎌倉御家人小田時知の外護があったと考えられている。時知は当時鹿島社造営に関与していたと考えられており、三村寺は八田知家の菩提寺であったという。(初祖知家は宇都宮氏の始祖宗綱の四男で八田《はった》を名乗り、晩年には鎌倉幕府御家人の中核であった)。

●鎌倉初期に、鎌倉からの水上交通を利用して、宗教や文化が霞ヶ浦沿岸にも流入している。東条古渡の興禅寺は、長松院殿・如実二位尼を開基として建立されたとされ、現在は曹洞宗であるが、初めは真言宗であったといい、船子(稲敷郡美浦村)の海源寺(曹洞宗)ももと真言宗であったという。土浦市大聖寺(真言宗)には寛喜二年(一二三〇)醍醐寺三宝院の伝播を

推定できる印信(写)が蔵されており、忍性の常陸入り以前に霞ヶ浦周辺には真言宗が流入されていたと推定することができそうである。

忍性は嘉元元年(一三〇三)七月一七日に八七歳で示寂した。端座し、律の衣を身に着け、威儀を正し、手に密印を結び、口に真言を唱えての臨終であったという。

3　徳一開創寺院の天台宗化

①国境寺中山寺を中心に

筑波山麓の徳一開創寺院の天台宗化については、「筑波山中禅寺の法系」で述べているが、筑波山麓に蟠居した常陸大掾氏に拠るところが大きい。建久四年(一一九三)筑波山の支配が多気義幹から八田知家に移り、建保六年(一二一八)知家没後に八男為氏が出家して筑波山中禅寺別当明玄となっている。また東城寺経塚の発掘から保安三年(一一二二)、天治元年(一一二四)には大檀那大掾氏が天台宗へ帰依して、比叡山と交流のあったことが明らかになっている。

次に陸奥と常陸の国境の寺の天台宗化について述べておきたい。

『茨城県史　原始古代編』では、「最澄は東国に巡錫して、安東・安北の宝塔を上野・下野に建立しているが、安東・安北のためであれば、これらの宝塔は本来常陸や陸奥・出羽におかれ

るべきであった。ところが常陸や陸奥では徳一が教線をはっていたので、最澄はその抵抗にあって建立できなかった」と述べている。高橋富雄氏も「最澄が上野・下野に滞在していた時に、最澄の六所宝塔が上野・下野に建立された。常陸がそれからはずれているのは、徳一が布教し、最澄が入ることを拒んだから」と説かれている。

菊地勇次郎師は「徳一伝承が常陸における天台教団の展開を背景として形造られた」ことに留意しておられた。

一般に陸奥と常陸の国境寺と考えられているのは北茨城市福田の中山寺であるが、国境を北茨城市域にひろげて考えてみよう。

北茨城市域に所在する佐波波地祇《さわわちぎ》神社は、『新編常陸国誌』「多珂郡一座」に、「佐波波地祇神社」「延暦二十年、坂上田村麻呂詔ヲ奉ジテ、蝦夷ヲ征スルノ時、兵ヲ佐波山ノ顚《いただき》ニ休セ、戦捷《せんしょう》ヲ祈リ、終ニ賊徒ヲ平ゲ、明年神社ニ詣テ報賽アリ」（社伝）とあり、延暦二〇年（八〇一）坂上田村麿が征夷の途次に佐波山で戦勝を祈願して、帰途佐波波地祇神に奉讃したと伝える。

次に北茨城市域の徳一の創建伝承に注目してみると、日棚村《ひたなむら》堂平（中郷町日棚、徳一が千手観音を刻み安置）、関南町光明院・般若寺（ともに廃寺、徳一開基）、大塚千手院（燈明山西明寺、徳一が観音を刻み、開山）、粟野の泉蔵坊（山伏、大同年中徳一開山）に伝えがある。

当時常陸国では蝦夷の反乱があり、自然災害も多かった。

延暦一七年(七九八)六月、常陸国などの帰降の夷俘(捕虜)に撫恤《ぶじゅつ》(物を恵み与え、憐れみをかける)を加える。

同一八年八月、鹿島・那賀・久慈・多珂四郡に高潮襲来。

同二一年正月、常陸国などの浮浪人を陸奥国胆沢城《いさわじょう》に配す。

こうした中で、徳一の教化が行われている。徳一は、自然災害や蝦夷の反乱に苦しむ人びとに、仏の道を伝え、ひろめ、苦しむ人々を安《やすん》じ、あやまてる人を正しい道に帰せしめることに全力を尽くしたのであろう。


追塩千尋氏は、福島県浪江町小野田清水の清水寺を例に、「清水観音の利益によって征夷に勝利した田村麻呂が観音安置の場を朝廷に求めたところ、朝廷は筑波山にいた徳一に命じて伽藍を構えさせたのがはじめで、それは大同年間のことである」と紹介されている。坂上田村麿の東征と筑波山にいた徳一との関係を示すものとして注目されるが、北茨城の徳一伝承も、田村麻呂の東征後である。

次に国境寺とされている中山寺についてであるが、中山寺は古棟札に「和銅元年(七〇八)善道院草創、天長二年(八二五)慈覚大師建立」とあり、円仁の教化以前に、修行僧かと思われる善道院の草創を伝えている。また近世の史料であるが、延享二年(一七四五)に徳一開基の伝えが残っている。

常陸国那珂郡天台宗寺院寺社領　御訴訟申し上げ候ニ付、大地古跡之覚
　一、高五石　観音領　別当中山寺
　　開基台家徳逸大師也
　　境内卅町四方余　山林有之事
　　観音堂五間四面
　　薬師堂三間四面
　　鎮守小社八宇
　　高五石之堂領自前々中山村にて堂納仕候事
（千妙寺文書）

「台家徳逸」とあり、法相宗と天台宗を判然と区別しないが、注目しておきたい。中山寺はもと関本にあったという。

三一権実論争は最澄の死によって終焉し、天長元年（八二四）徳一は会津から筑波に移っており、翌二年借位として「伝燈大法師」の位を与えられている。こうした時期に、徳一が草創したという観音堂（別当中山寺）が関本から福田に移されて、円仁によって天台宗に改められたと伝える。

国境寺については、常陸と陸奥の国境に建立された中山寺のほかに、下野との国境や下総との国境にも推定され、徳一の伝承はないが、慈覚大師円仁の伝承が残っている。

このことは磯部稲村明神神宮寺談義所光栄が持氏側にあったことを示すものであろう。

永享三年（一四三一）七月、幕府と鎌倉府との間にはいったん和睦が成立したが、両府間の均衡を保とうと努めた上杉氏憲と足利持氏との間には次第に疎隔を生じた。同一〇年八月二八日、幕府は諸将に命じて持氏追討を命じた。相模早川尻の戦いに敗れた持氏は金沢称名寺に入り恭順の意を表したが将軍の許すところとはならず、永享一一年（一四三九）二月自害した（永享の乱）。

図18　中郡荘域から加波山系を望む

翌永享一二年三月三日、持氏の遺児安王丸・春王丸は憲実討伐のため中郡木所城（橋本城）で挙兵し、荘内の賀茂社に武運長久を祈願し、祈願成就の折には郡内一所を寄進する旨の願文を捧げている。

安王丸のもとには、小田氏の一門熊野別当朝範・筑波法眼玄朝、美濃守定朝・伊勢守持重など、持氏恩顧の武将が続々と集まったという。安王丸らは木所城から小栗・伊佐を経て結城城に入った（結城合戦）。持氏の遺児安王丸・春王丸らが挙兵した中郡荘木所城は、中郡総代官の居城で、橋本にあっ

た吉所城と考えられている。

結城氏朝は結城郡高橋神社に戦勝を祈願し、勝利の暁には田中荘玉取郷（大穂町）の天王神田のほか二か所を安堵して戦勝を祈願したが、嘉吉元年（一四四一）四月一六日、結城城は落城した。

徳一のひらいた法相宗の寺に所属していた人々は、光栄が天台宗に改めたのちも、「法相宗光栄」と呼んだという。

山形県立石寺の寺伝では、同寺の開山を円仁、開祖を安慧としている。安慧は承和一一年（八四四）出羽の国講師となっているが、「安慧が赴任したころ出羽の国内の道俗は、もっぱら法相宗を学び、天台の円教を知らない状況であった。しかし安慧が赴任してから以後、法相宗の上首である者数十人が、みな旧執を改めて天台宗に帰依し、教化のひろまりは今もって絶えないという」㉕。立石寺の天台宗への改宗は、徳一没後あまり年月を経ないうちと思われる。しかし常陸国中郡橋本村で一三代法相宗として存続した寺が天台宗に改宗したのは、応永三二年（一四二五）以降、永享二年（一四三〇）で、中郡の室町幕府と鎌倉府との対立の影響下と思われる。

中郡橋本の曜光寺は光栄・尊栄・光順と次第している。

尊栄は住山の折、横川蒲尾谷で東塔南谷浄教坊真如蔵の『天台直雑』（雑々私用抄）を書写させており（右筆幸海）、長禄四年（一四六〇）にはのちに四代住持となる尊舜を弟子としている。こうして天台宗月山寺の基は築かれたのであるが、三世光順は寺内で錫杖を振るのを禁止している。

自古往口伝云　光順法印振鳴錫杖於院内禁之
振鳴之　則必為障災矣　嗚呼自古禁之
所以亡失之而不伝之惜哉　唯行脚則用錫云々
又或古老曰在魔外与師論錫之義故禁止之云々
於寺門之内只許掛錫禁止振声於門外行道則用之　其旨宜哉
当山二十二代会海法印拝書[26]

一三代法相宗寺院として存続したという曜光寺（月山寺元寺）では、天台宗寺院として光栄・尊栄・光順と存続したのちも、山林修行者としての徳一の教化が浸透していたのであろうか。

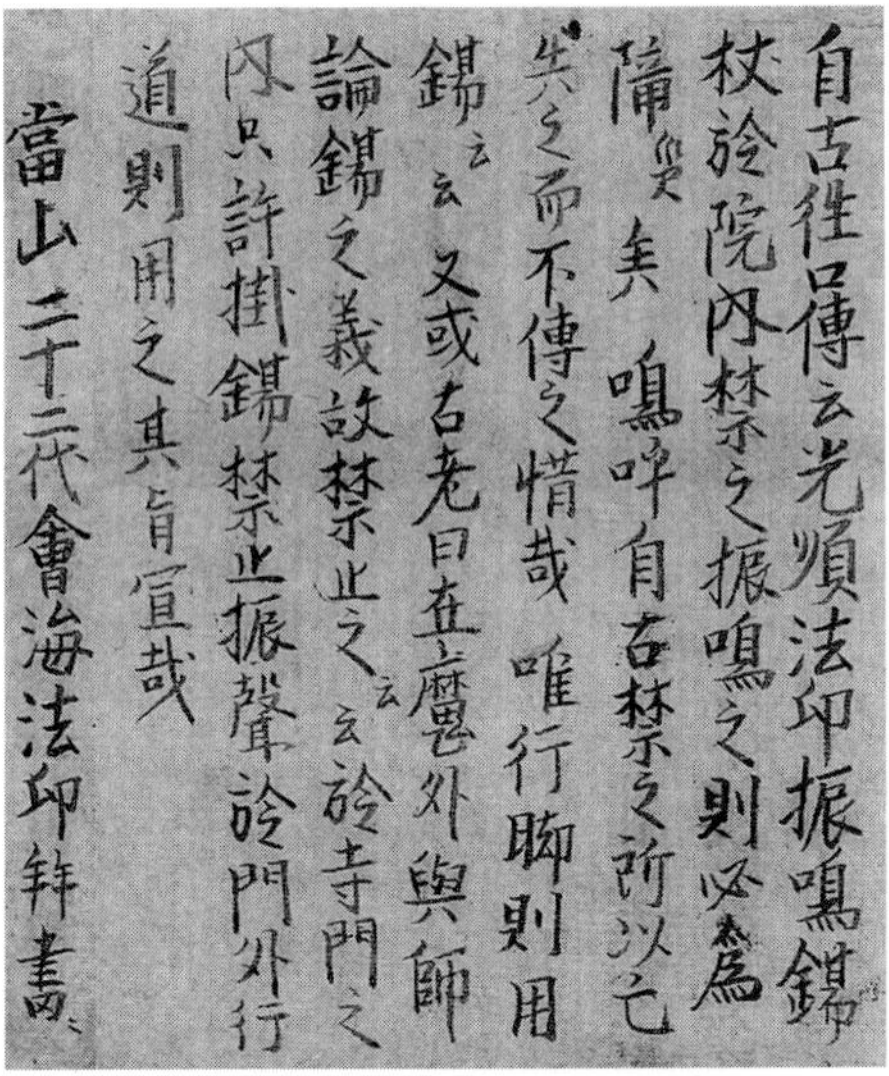
自古往口傳云光順法印振鳴錫
杖於院内禁之振鳴之則必為
障災矣　鳴呼自古禁之所以亡
失之而不傳之惜哉　唯行脚則用
錫云々　又或古老曰在魔外與師
論錫之義故禁止之云々於寺門之
内只許掛錫禁止振聲於門外行
道則用之其旨宜哉
當山二十二代會海法印拜書

図19　光順法印院内で錫杖を振るを禁ず

4　藻原荘域の天台宗化と日蓮宗化

一宮川流域、現在の茂原市街を中心とした一帯は、平安時代には藻原荘と呼ばれ、かつては藤原仲麿の弟巨勢麿の息黒麿の牧であった。当時藻原荘域は東西約三キロ、南北約一・五キロ。東は清水野、南は緑野、西は巨堤葦原、北は小竹河とされ、現在の茂原市長谷から内長谷(東)、茂原市箕輪から長柄町榎本(南)、茂原市国府関から長柄町力丸・千代丸の谷底平野(西)、豊田河(北)でかこまれた地域と考えられている(寛平二年八月五日「藤原菅根等連署施入帳」)。

藻原荘は開発によって治田とされ、黒麿の子息春継へ、春継から良尚へと相伝された。春継は藻原荘で生活したことを理由に、死後は当荘内に葬り、その墳墓を保存するために奈良興福寺に藻原荘を施入するように遺言した。良尚は春継を藻原荘域に葬ったが、たちまち死去したために、寛平二年(八九〇)に菅根らが当荘を施入し、興福寺諸聖衆の供給にあてられていた。

藤原巨勢麻呂―黒麿―春継―良尚―菅根

藻原荘の西・長柄町山根大加場《やまんねだいげば》に天台宗道脇寺(現在は日蓮宗)があった。道脇氏の一族安然の開基とされる。安然は慈覚大師円仁について出家、経論章疏を徒猟し、円仁没後は湛契や遍照に学んで顕密の奥義を極めた。天台宗においては三聖二師(最澄・円仁・円珍・安然・良源)の一人として尊崇されたという[27]。道脇寺は往時は広大な寺域と七堂伽藍・百坊を擁したと伝来され、

大山崩れで埋没したと伝えられる。現在叡山文庫に「五大院安然旧跡書」の他、天海蔵義科抄類を構成している「進上本」の中に道脇寺のものが多く含まれており、[28] 往時は隆盛した天台宗の談義所であったと考えられ、藻原荘域を中心に天台宗がひろまっていた事情を推定できる。なお道脇寺については弓削道鏡がひらき、はじめ道鏡寺と称したという所伝もある。現在は日蓮宗で「道協寺」を称する。

藻原荘域の南方にあたる中善寺の行徳寺[29]（天台宗・三途台長福寿寺末）は中世において天台教学が講伝された談義所であった。行徳寺の「略縁起」によると、聖武天皇の天平一八年（七四六）興福寺慈恩大師が八幡原に寺を建立、六〇余年法相宗であったという。行徳寺（大東明山成菩提院）は中世において天台教学が講伝された上総八幡の談義所である。

長福寿寺末寺家谷《じげやつ》の妙覚寺もはじめは法相宗で、弘仁期（八一〇〜八二四）に円仁が再興したという伝えが残る、藻原荘域の法相宗から天台宗への推移をかいまみることができる。

『上総国誌』に、俗伝であるが、文永元年（一二六四）荒野を開いて上茂原・鷲巣・岩川・鷲巣・岩川の三か村の荒野をひらいて、これを茂原荘と総称したという。藻原荘の東域にあたる。

茂原市茂原字元山に日蓮宗常在山藻原寺《そうげんじ》がある。中世は妙光寺を称していた。

日蓮が安房から茂原に来た時、領主斉藤兼綱は日蓮に帰依し館の一部を提供し、日蓮はこの地で布教した。

兼綱は建長五年(一二五三)仏堂を造り、日蓮は榎本庵と命名した。建治元年(一二七六)本堂が造立され、日蓮は日向《にこう》に落慶法要を行わせ、常葉山妙光寺と称した。

日向は天台出身の僧であったが、日蓮が房総地方を教化していた時に弟子となり、常随給仕して修学に励み、日蓮が身延に隠棲してからも使者として諸方に赴きその教化活動を助けた(日蓮六老僧の一人)。日向は上総妙光寺を拠点に布教を展開したが、日蓮没後身延山久遠《くおんじ》寺に移り、同寺二世となったため、日秀が妙光寺に入った。

『法華宗甲州身延久遠寺下本末帳』には、「上総国藻原妙光寺末寺　総百三箇寺」とある。このうち長谷村の妙蔵寺は延慶二年(一三〇八)日向、長照寺は徳治元年(一三〇六)日玉、鏡済寺は日鏡の開基とされ、藻原荘の大部分が日蓮宗化されている。

5　徳一没後の徳一菩薩への信仰

徳一は承和初期に没したと推量され、没後徳一開創寺院の多くが、天台宗や真言宗に改宗され、仏教の趨勢は奈良仏教から平安仏教に移っている。こうした中で、縁起や伝承の域をこえるものではなかったにしても、徳一開創を伝える寺院が存続し、自然災害が多い中で徳一の業績が語り継がれている。また天台宗の教学転換期に、徳一を範としたような律僧の業績が見直されている。

①水戸藩領の徳一伝承

近世水戸藩領であった現ひたちなか市域に、伝徳一作の正観音を安置した光明寺(時宗)と薬師如来を安置した華蔵院(真言宗醍醐無量寿院末)があった。

所在地(那珂湊)は那珂川下流域に位置し、東は太平洋に面する。蝦夷征伐には多くの軍粮の調達と輸送が必要であったが、那珂湊はその調達にあたった港でもあった。徳一が教化の地として観音と薬師を配したことに矛盾はないであろう。蝦夷征伐によって疲弊した人びとに、観音・薬師を拝することによって救われる道・奈良仏教の教えを説いたであろう徳一の姿を想定できる。

光明寺は延文元年(北・一三五六)藤沢九世陀阿白木が部田野《へたの》村下宿に創立したと伝える。応永三年(一三九六)本町字山ノ上へ移った。のち江戸但馬守通勝の外護があり湊村山字地蔵町に移り、明暦三年(一六五七)現在のひたちなか市泉町に移った。

華蔵院《けぞういん》(真言宗智山派)は応永二二年(一四一五)宥持法印が勝田市三反田《みたんだ》に創建したという(現ひたちなか市栄町)。薬師如来は徳一作。

両寺とも、創建期から推して、徳一創建と直接関係があった寺ではない可能性が高い。水戸藩では寛文期に寺社改革が行われており、全域二三七七か寺の五二%が破却・追放・還俗の処

分を受けている。おそらく光明寺も華蔵院も、この時に処分を受けた寺院が有していた徳一作の正観世音と薬師如来を客仏として安置し、宗派を超えて人びとの尊崇を集めるようになったのであろう。

光明寺秘仏の観音堂は、宝永三年（一七〇六）春から普請にかかり、七月七日に入仏、八月八日まで開帳が行われた。観音堂の普請金二〇〇両は勧化によるものであった「正観世音ノ像丈ヶ二尺許リ。徳溢法師ノ作ナリ。徳溢法師ハ藤原押勝ノ四男ナリ」、「正観世音堂　三間ニ四間　毎月拾七日ノ夜参詣アリ。中ニモ七月拾日ハ四万六千日ノ功徳報ト称シ終夜読経ス」（『水門志』）、「正観世音を安置する一宇あり。霊験殊に著しく、育児安産を祈るもの多し。現に講社の組織あり中正、三、五、九及び七月十日一万燈には非常に賑ふ」とある。

正観世音については徳溢法師の作とし、徳一は藤原仲麿（押勝）の四男であるとし、毎月一七日には夜参りがあり、七月一〇日には終夜の読経が行われ、人びとが参集していた。

華蔵院では、「常陸国御絵図御用ニテ巡見之場覚書」に、

右同所（湊村）花蔵院寺内ヲモ見分致也　客殿ハ長十二間横八間巳午向也
右之所ニ薬師如来有　徳一大師御作也　毎年八月八日開帳仕候　云々」(30)

とあり、徳一作の薬師如来が例年八月八日に開帳されていた。

水戸藩の寛文・元禄期の寺社改革については、当時儒学思想に興った排仏思想があり、かつ

純粋な神道思想に基づく敬神崇祖の国風によって民心の統一を図ろうとした徳川光圀の高い理想があったと考えられている。この寺社改革によって処分を受けた寺院は、水戸藩全寺院の五二%、一〇九八か寺で、その六四・九%が破却となっている。こののち土民の物詣での流行、祭礼・縁日・開帳などの繁盛は「本来の信仰を失い、遊楽の場所となる」ため禁止されていた。「通夜」は神仏を信仰するために神社や寺院に多くの男女が参加し、一晩中同席することであるが、享保二〇年(一七三五)三月以降は風俗取締りのため禁止されていた。

水戸藩では中期にも藩主宗翰《むねもと》を中心に改革が行われ、寛延三年(一七五〇)六月には領内全仏教諸派の粛清令を出し、「近来学業を怠り、宗旨の方式を失い、遊興に耽り、社寺の修造をせず、しきりに勧化を行うこと」を禁止している[31]。

しかし先に紹介したように、真言宗華蔵院では徳一大師作の薬師如来が例年八月八日に開帳され、時宗光明寺では毎月一七日に徳一作の観世音へ夜参りがあり、七月一〇日には終夜の読経(通夜)が行われていた。徳一に対しては藤原押勝の子という尊崇もあったようである。こうしたなかで光明寺の観世音への信仰は安産・育児に霊験があるという信仰に展開し、講社の組織を結び、三浜《さんぴん》をはじめ遠近各地に信徒を有するほどの発展をみた。

「凡ソ彼ノ聖跡ニ付ク者ノ、必ズ利生ヲ蒙リ、頭《こうべ》ヲ低ルルノ輩《ともがら》、定メテ災難ヲ払ヒ、二世ノ悉地ヲ成ズル事、響ノ声ニ応ズルガ如ク、万事所願ヲ満ツル事、影ノ形ニ随フガ如シ。代ハ

澆季《ぎょうき》ニ到ルト雖モ、得一ノ建立ノ寺ニハ、今ニ雀ノ入ル事無ク、誰ヵ得一大師ノ大権ノ迹ナリト云フ事ヲ疑ハン」と、愚勧住心が鎌倉時代の正嘉元年（一二五七）に著した『私聚百因縁集』に記している。こうした徳一の教化が寺社改革の行われた水戸藩でも受け入れられていた。

「沙門の荘侈《おごり》を嫉みて、麁食幣衣して恬然《てんぜん》とし自ら怡《たのし》む」という徳一の姿が、理想の仏教者として水戸藩にも受け入れられた結果なのであろうか。寺社改革の影響の中で、宗派の枠を超えて徳一への尊崇が高まり、徳一作の観音や薬師に人びとの信仰が寄せられていた。信仰に視点をあてて考えると、寺社改革のなかで締め出された「祈禱」が、檀家制度の枠を超えて人びとの信仰の対象になり、理想の仏僧として徳一への尊崇があり、徳一作の仏像への信仰が深まっていったと解することができるように思う。ここには法相宗の学僧としての徳一よりも、「化主《けしゅ》」（教化の主、仏）としての徳一への信仰が深められていたように思う。

徳一についてはその出自と興福寺・東大寺で学んだ経歴、空海から真言密教の書写を求められ、最澄と三一権実論争を交わした法相宗の学僧という面が強調されがちであるが、徳一開祖の寺をたどると、宗教活動を行うために諸所を遍歴して奈良仏教の教えを人々に説いた徳一の姿が根付いているように思われる。その結果天台宗・真言宗に改宗されたのちにも、化主《けしゅ》・菩薩として、徳一が多くの帰依者を得て後世に語り継がれる結果となったのであろう。そのことが仏教思想として十分に熟していない東国で、徳一の教化が受け入れられた一面を表現したも

ののように考えられる。

②信太荘における法相宗の伝承――稲敷市古渡円密院と小野逢善寺

茨城県稲敷市古渡円密院と小野逢善寺（ともに天台宗）には、徳一と直接の関係を示してはいないが、円密院には法相宗であったという寺伝があり、逢善寺には天長二年（八二五）逢善道人という木食が創建し、古くは法相宗であったという伝えがある。直接徳一の教化とはいえないが、「徳一の存在を継承する者がなく、その教学的系譜が断絶し、ましてや徳一の行実なり、教学を補強する仏教者が輩出しなかった」といわれているなかで、「沙門ノ荘修《そうし》ヲ嫉《にく》ミ、麁食《そじき》弊衣《へいい》ニシテ、恬然トシテ自ラ怡《たの》シミ」（『元亨釈書』）といった徳一の姿に近く、自然災害に苦しむ民衆を救おうとした木食《もくじき》（五穀を絶って、ただ木の実のみを食して苦行）の姿が語り継がれている。徳一が教化したころの東国における仏教受容のあり方、戦乱や自然災害の中で、仏の道を伝えることによって民衆を救おうとした仏教者のあり方を考えることができるように思う。

『常陸国風土記』には「榎浦津から常陸に入った浜駅使《はゆまづかい》が、まず口と手を洗い、東に向いて香島の大神を拝した」とある。徳一が鹿島へ向かう道筋として、榎浦津からの道を想定しておきたい。

法相宗であったという円密院の所在地信太荘下条浦渡宿は鎌倉時代には霞ヶ浦の交通の要所

であり、円密院には建久三年(一一九二)鹿島社に参詣した源頼朝が嵐に遭い難儀したが、時の住持の不動法によって救われたとの伝承が残っている。

円密院「由緒書」には、嘉祥二年(八四九)優婆塞正智と慈覚大師円仁の伝えを残す。「往古は法相宗」と記すが、嘉祥二年は徳一没後(承和九年と仮定)数年である。

優婆塞正智は楯の台(現在の円密院から二〇〇歩)に方丈圓室を設け、守仏薬師の像を安置して、二六時中冥福を祈っていた。慈覚大師が房中に錫を留め、夢想に薬師如来を感得した。仏が告げていうには「此土は不動明王有縁の地なれば請ずべし」と。正智は大師に念願して不動の像を刻み、三七日の秘法を行い、帰依者を募って一宇を建立した。

円密院が所在した浦渡宿では、鎌倉後期から南北朝期にかけて無縁談所・阿弥陀堂・毘沙門堂・北野天神などの小堂が次々に建てられ、「能化」と呼ばれる僧侶たちがそこに遍歴していた。観応の擾乱後に信州福是山《ふくぜざん》談義所の能化静什の弟子什覚が、浦渡しの大夫法師を頼り、談義をはじめている。什覚は天台宗檀那流恵光房流の正嫡であった。什覚の談義は僧侶だけでなく、宿の長老や支配者からの帰依を集めた。什覚は覚叡に相承したのち、相模を経て三途台(千葉県長生郡)に移り、長南台談義所三世となっている。佐倉郷の談義所は天台宗円密院として整備され、覚叡が相承した。円密院では覚叡を中興初祖としている。

こうした推移を考えると、法相宗であったという円密院の前寺が天台宗として整備されるの

は、南北朝期、観応の擾乱以降である。また浦渡宿権現堂には永徳二年（一三二六）一〇月律僧が住持している。

応安六年（一三七三）覚叡は権少僧都となり、天台宗恵光院五ヶ血脈以下義科宗要などを三位良尊に譲渡したのち、世良田長楽寺了義に師事した。『蓮華院流灌頂私記』には「永和二年五月二二日常州東条荘小野慈雲山逢善寺無量寿院学頭覚叡法印注之」とあり、永和二年（一三七六）五月には東条荘に移り、逢善寺を中興している。

小野逢善寺には、貞享三年（一六八六）九月一七日に三一世公稟が書写した「天長二（八二五）乙巳年中常州小野逢善寺中興開基之縁起」（写）が残されている。この縁起によると、天長三年逢善寺の開山逢善は麻の粗衣を着けた木食で、大杉の下に草庵を営み、八年以上も常に大悲呪を唱えていたという。逢善道人は願いのことがあり、信濃善光寺に詣でたことを記しており、当時の善光寺聖の活動とあわせて考える必要もありそうである。

逢善寺の本尊千手観音は大杉の霊木であり、逢善道人は千手観音の眷属二八部衆の一人という。逢善寺墓地には、天正期の中興定珎が建立した逢善道人の石塔が建立されている。

常陸国では九世紀半ばころから末期にかけて風雨・水旱・地震などの天災地変が頻発し、農民は飢餓に苦しんだ。逢善寺の所在地小野郷の「薬師寺遺跡の発掘調査報告」によると、奈良時代の遺跡が平安時代初期には姿を消し、竪穴住居のみとなり、一一世紀には終焉を迎えたと

図20　逢善道人宝篋印塔
（飛田英世氏提供）

いう。

その後の逢善寺の推移については不明であるが、浄土宗然阿良忠の弟子聖忍房良聖が建長八年（一二五六）東城荘小野郷で『群疑論見聞』七巻を書写している。坪井俊映氏[32]によると、『群疑論見聞』は法相を基本とした諸宗の総合を、唯識の観行から口唱念仏の易行への道程の上に果たそうとした生駒竹林寺良遍の著であるという。

また逢善寺には康永元年（一三四二）一基・康永四年二基、応永元年（一三九四）一基の銘がある石碑が所蔵されており、「□□名号　必定生極楽」などの偈から南北朝期には天台系浄土教の教えが浸透していたようである。これらの石碑は小野篁前石碑とあり、逢善寺の創建と小野篁がかかわったことが伝えられている。

円密院や逢善寺の伝えには、九世紀半ば以降の自然災害による農民の疲弊や苦しみを、仏教の教えによって救おうとした僧の姿があり、筑波山寺をひらき、粗食・弊衣に甘んじたという徳一像と共通した修行僧の姿があったように思う。

逢善寺の「天長二乙巳年中常州小野逢善寺中興開基之縁起」（以下「縁起」）は、貞享三年に三

一世公稟が記したものである。

公稟は東叡山覚成院二世。公稟が逢善寺学頭に就任したころは、貞享元年（一六八四）一〇月に東叡山勧学講院が開講し、東叡山を核とした天台教学の再編成が行われた時期にあたる。また逢善寺にとっては、天文八年（一五三九）焼失後に再建した本堂の腐朽がはなはだしく、再建を迫られていた。こうした時に、徳一を範としたような開山逢善道人の事跡が見直されていることに注目する必要があろう。

円密院の「由緒書」は明治一二年（一八七九）東光山明王寺円密院二九世雪草廣楯の代に書かれたものである。神仏分離以降の混乱のなかで、奈良仏教である法相宗が見直されている。

註

（1）由木義文氏は、「下野国の薬師寺の戒壇にも、三師二証の五人が派遣されたはずで、そのなかの一人が鑑真の持戒第一の弟子道忠ではなかったか」と述べられている（由木義文『東国の仏教』九頁）。

（2）徳一の出身・誕生については諸説がある。塩入亮忠氏は天平宝字四年（七六〇）の誕生とし、『湯川村史』では天応元年（七八一）としている。

（3）室生寺は現在真言宗室生寺派の本山。五重塔は室生寺最古の建築物で、修円の時のものとされる。修円は、はじめ最澄について密灌を受け、のち義真に従って顕教を学び、伝法院を開き、大いに講説に努めたとされる。晩年には比叡山から円修、高野山から空海の弟子真泰が入山し、以後、法相宗・天台宗・真言宗兼学の道場となった。

（4）保立道久氏「藤原仲麻呂の息徳一と藤原氏の東国留住」（『千葉史学』六七号、平成二七年一一月）。

（5）根本誠二氏『天平期の僧と仏　行基・鑑真・道鏡、そして良弁』（岩田書院、平成二七年七月）。

（6）司東真雄氏「会津恵日寺の徳一」（『歴史』第五五輯、東北史学会、昭和五五年一一月）。

（7）追塩千尋氏「徳一伝説の意義」（大濱徹也編『東北仏教の世界――社会的機能と複合的性格』）。

（8）『湯川村史』第一巻勝常寺概説、八七頁（湯川村教育委員会、昭和六〇年三月三〇日）。

（9）空海は、弘仁元年（八一〇）に東大寺別当になっており、東大寺に学んだ徳一についても正確な情報をもっていた可能性を田村晃祐氏が指摘しておられる。

（10）松長有慶氏『密教　インドから日本への伝承』（中公文庫、五七・一一一・一二四頁）。

（11）高橋富雄氏『みちのくの世界』「三一の争い」一一四頁（角川新書、昭和四〇年八月一〇日）。
（12）坂本正仁氏「古代の筑波山―徳一と筑波山寺―」（『筑波山麓の仏教』真壁町歴史民俗資料館）。
（13）徳一の天長元年以降と確定できる事跡はほとんど見いだせない。今後の研究に期待したい。また徳一の寂年についても再考する必要があるのかもしれない。
（14）後藤道雄氏『茨城彫刻史研究』（中央公論美術出版、平成一四年五月一日）。
（15）志田諄一氏『寺社の縁起と伝説』「徳川光圀と長谷密蔵院」（ふるさと文庫、一五八頁）。
（16）菊地勇次郎師「武士と社寺――常陸佐竹・大田郷における佐竹氏」（『下剋上時代の文化』文一総合出版、昭和五二年一二月一〇日）。
（17）和島芳男氏は「建久四年（一一九三）五月、常陸大掾氏の一族多気義幹の鹿島社造営役が遅滞した時、八田知家は幕命によって、これが督促におもむいた。この際知家は謀計をもって義幹に異心があることを幕府に訴えたので、義幹はついに所領没収のうき目をみた。この義幹の旧領もやがては知家の配下に帰したようである」と述べておられる。（和島芳男「常陸三村寺と忍性」『金沢文庫研究』一八―七　1972年（昭和四十七年一月二十一日稿））
（18）桃崎祐輔氏「西大寺律宗と忍性の常陸下向」（土浦市立博物館『中世の霞ヶ浦と律宗』平成九年二月一日）。桃崎氏は、「忍性らが筑波山麓の三村寺に入った背景には、西大寺東国布教の大先達にして、戒律保持の法相宗徳一に決縁するという意義があったであろう」と述べられている。
（19）和島芳男氏『叡尊・忍性』（吉川弘文館、人物叢書、一一二頁）。「三村は今の筑波郡筑波町のうち、旧小田村に属し、鎌倉御家人として頼朝の信任を得、晩年重臣の列にも入った八田知家の知行所であり、清涼院はこの知家の菩提所であった」。

(20)『忍性菩薩　関東興律七五〇年』(神奈川県立金沢文庫)。平成二十八年。
(21)高麗ノ人達沙仁徳等二人ニ八朝日ノ連　『続日本紀』巻二十三　淳仁天皇　天平宝字五年三月
(22)平凡社『千葉県の地名』八三九頁。
(23)禅意については、荻野三七彦氏「磐城の薬王寺と金沢称名寺」(『金沢文庫研究』第一〇巻第三号)に詳述されている。
(24)『岩瀬町史　史料編』「中郡橋本村旧記取調書」、「橋本城」。
(25)佐伯有清氏『円仁』(吉川弘文館、人物叢書、二八六頁)。
(26)会海は四明流の学僧中舘観音寺主海の弟子。月山寺では主海の住持中に東叡山勧学講院了翁から鉄眼版一切経の寄進をされており、会海が経堂を建立している。
(27)永井義憲氏「上総における安然の伝説——『安然旧跡書』と『道脇寺由来記』」(『大妻女子大学文学部紀要』第二二号)。
(28)尾上寛仲氏『日本天台史の研究』「叡山天海義科抄類の構成」。
(29)行徳寺には、大宝年間(七〇一~七〇四)に上総太郎行徳が信濃善光寺から本尊を持ち帰って八幡原《やわたばら》に安置し、天平一八年(七四六)に法相宗の宗法を受け、弘仁五年(八一四)天台宗に改宗したが、保元・平治の乱で兵火にかかり、現在地中善寺に移ったという伝えが残されている。
(30)「湊村古記雑書」、「三浜要覧」(『那珂湊市史料　第四集』所収)。
(31)『水戸市史』中巻(二)「第八節　享保の新政と寛延・宝暦の改革」「第五節　新政権の実施」。

徳一関係年表

事　　項	参　　考
用明朝（五八五～五八七）梁国伝来の化人・法輪独守居士が常陸国伊佐中村に着き、天の告げに任せて延命観音を安置した（観音寺縁起）。	
陸奥国河沼郡会津坂恵隆寺（真言宗）にも、六世紀ころ梁の人青岩が創建したとの伝承がある（早川征子氏）。	
天武朝（六七三～六八六）下野の薬師寺、下毛野朝臣古麿が祚蓮を開山として創建される。この時からあまり年月を経ずに、鬼怒川の水害を免れることを願って、在地の有力者「吏老」が下野薬師寺の祚蓮律師を招いて下総結城寺が建立される。（『結城市史』）	
持統元年（六八七）三月、投化の高麗人五六人を常陸国に安置。	
持統朝（六九七以前）常陸国多賀郡川原宿禰黒麿の時に大海の辺の石壁に観世音菩薩の像を刻み、いまもその像が残っており、そこを仏の浜という（『常陸国風土記』）。	茂原行徳寺　大宝年間（七〇一～七〇四）上総太郎行徳が信濃善光寺から本尊を持ち帰り、八幡原に安置。行徳は天平一八年（七四六）法相の宗法を受けたという。
和銅二年（七〇九）陸奥鎮東将軍巨勢麿。この年鹿嶋市宮中の護国院が鹿島神宮の境内に建立という。三論宗で鹿島神宮の供僧当のような寺か。	
八世紀初頭、筑波山と筑波山系を水源として、古代の条里地割と水田拡張をした時期に、古代仏教を信仰する豪族や畿内文化を受容した古代官吏たちが十一面観音信仰をこの地に持ち込んだ（菊池利	

夫「常陸国河内郡金田花室条理地割遺構の研究」)。

養老三年(七一九)七月、常陸守藤原朝臣宇合が按察使となり、安房・上総・下総を管する。

天平勝宝元年(七四九)このころ徳一誕生か。仲麿四四歳の時の子?
天平宝字四年(七六〇)の説もある(塩入亮忠)。

天平勝宝年中(七四九～五七)遊行僧満願が鹿島に来て大般若経六〇〇巻を書写、仏像を図画し、住持すること八年にして去る。鹿島の神宮寺を創建。神仏習合による教化。

同　四年(七五二)藤原仲麿の第六子刷雄は従五位下に叙され、遣唐留学生として入唐。二〇歳。同六年(七五四)刷雄は鑑真(六八八～七六三)が乗った帰国遣唐使の第二船に乗って帰国した可能性が高い。

同　八年(七五六)鑑真は聖武天皇の病にあたり、看病禅師の一人として医療に従う。

天平宝字二年(七五八)正月、藤原浄弁(仲麿の息久須麿)が東海東山問民苦使に任じられ、常陸・下総の国境を流れる毛野川(鬼怒川)の洪水を防ぐための排水路の計画を行う。この年、鑑真は閑居を許され、唐招提寺に移る。

同　五年(七六一)下野国薬師寺・筑前国観世音寺に戒壇が設けられ、東大寺の戒壇とともに天下の三戒壇となり、僧尼となるものは、この三戒壇で登檀受戒を果たさなければならなかった。

同年一一月、藤原恵美朝臣朝狩、東海道節度使となり、常陸国など一

霊亀元年(七一五)五月、常陸国などの富民を陸奥国に配す。

おそらく神宮寺は、奈良時代に三論宗の寺として開かれ、一説で、のち法相宗に転じたという(『茨城県史料　中世編I』鹿島神宮と神宮寺)。

二国を管する。

同　六年(七六二)多賀城碑「参議東海東山節度使……鎮守将軍藤原朝臣朝猟修造也」。

同　七年(七六三)五月六日、鑑真は唐招提寺で入寂(七六歳)。

同　八年(七六四)藤原仲麿(恵美押勝、七〇六〜七六四)の乱。仲麿の家系は族滅の道を歩む。この中で、六男刷雄は隠岐に配流となる。巨勢麿の息黒麿は上総に流罪か。徳一は当時一六歳か。

天平神護元年(七六五)三月、常陸国など旱害のため今年の調庸のうち一〇分七・八を免ずる。

神護景雲二年(七六八)八月、毛野川の改修。(反仲麻呂の勢力によってか?)

この年、泰澄没。

宝亀元年(七七〇)一〇月、巨勢公成が常陸介。

同　三年(七七二)四月、「無位藤原朝臣薩雄を本位の従五位下に復す」。七月二日、「恵美刷雄等廿一人、本姓藤原朝臣に復す」。

同　四年(七七三)良弁(六八九〜)没。弟子実忠に東大寺の将来を託す。

常陸国中郡普門院は伝宝亀三年徳一の創建。薬師如来は徳一の作。このころ下野国では八七〇人もの百姓が課役を逃れようとして逃亡。

常陸国では農民が神賤となることを願う。

同　五年(七七四)九月、藤原朝臣菅継、常陸介となる。

同　八年(七七七)七月、内大臣藤原朝臣良継、病により氏神鹿島社などに叙位。

この年、藤原巨勢麿の二男黒麿が上総守。任中に上総国藻原に私領の牧を設定。そこを開発して藻原荘とし、長柄郡と大羽根郡にも田代荘という荘園を確保している。

この年前後に、多賀城を拠点に蝦夷征伐が行われる。

同　九年(七七八)刷雄、従五位下、図書頭、治部大輔、上総守、大学頭。

同　一〇年一二月、常陸守藤原朝臣小黒麿が参議となる。	
同　一一年(七八〇)七月坂東軍士を多賀城に参集させ、常陸・下総の糒を軍所に運ばせる。	
天応元年(七八一)正月、常陸守藤原朝臣小黒麿、兼陸奥按察使となる。	
延暦元年(七八二)釈最仙、かつて常陸講師在任(『元亨釈書』『本朝高僧伝』)。	
同　四年(七八五)一〇月、常陸国など五国が大風にあい、百姓飢饉に苦しむ。	
同　八年(七八九)森田悌は、「徳一は延暦八年に自発的に南都を離れ、活動の場を会津の地に求め、寺院内の修学にとどまらず、社会的な実践を行った傑出した僧」としている。	
同　一〇年(七九一)七月、従五位下藤原朝臣刷雄を陰陽頭とする。	
同　一二年(七九三)五月、藤原朝臣藤嗣が常陸掾となる。	
同　一三年(七九四)興福寺修円が別当職に補せられる。	
同　一五年(七九六)侍従藤原朝臣継業が兼常陸介となる。	常陸国中郡月山寺は延暦一五年徳一の開基。
同　一八年(七九九)八月五日、鹿島・那加・久慈・多珂四郡に高潮来潮。	
同　二一年(八〇二)一月二〇日、坂上田村麿に桓武天皇から勝虜・恵雲・如宝・安毓・光暁の弟子を賜う。仏教方面からの教化を期待したためであろう。蝦夷との対立が長く続いた東北北部に仏教が伝わったのは、坂上田村麿によって胆沢城が建てられ、両者の対立に一応の決着がついた延暦二一年以降と考えられている。	
大同元年(八〇六)磐梯山に噴火があったという。この年、石椅神へ正	大同元年、鹿島鳥栖の無量光院無量

五位の神階を授け鎮火の祈りを捧げたのではなかったか（司東真雄「会津・恵日寺ノート」）。

同　四年（八〇九）四月、藤原仲成が常陸守を兼任。

弘仁元年（八一〇）空海が東大寺別当となる。この年恵雲が入滅し、欠員となった僧綱に修円が補任されている（興福寺「僧綱補任」）。

同　三年（八一二）最澄は、このころ新帰朝の空海との間に親交が結ばれ、経典の借覧や密教の受学を懇誠した。冬弟子を率いて高雄山寺に赴き、空海から結縁灌頂を受けた。この年、空海の師であった三論宗大安寺勤操《ごんぞう》も、徳一の師法相宗修円も、真言宗両部灌頂を受法し、空海の弟子としての礼をとっている。

同　四年（八一三）正月、藤原朝臣福当麿が常陸介となる。一一月、最澄は『理趣釈経』の借用を申し出たが、空海がこれを拒絶した。

同　五年（八一四）七月、藤原朝臣福当麿常陸守となり、左兵衛佐住吉朝臣豊継、兼介となる。

同　六年（八一五）一二月、板来駅を廃する。

空海、書状を常陸守藤原朝臣福当麿に贈る。

空海、香を添えて、徳一に書状を送る。空海書状「京を離れ、錫を振り東に往く。始めて法幢を建て衆生の耳目を開示し、大いに法螺を吹き、萬類の仏種を発揮し」とある。空海は、弘仁六年三月二六日に、広智にも真言密教の経典書写の助力を依頼。

同　七年（八一六）最澄は鑑真の持戒第一の弟子とされた道忠教団に依拠して東国を巡行する。弘仁七年から一二年ころまで会津に止住

寿寺、平城天皇の勅願所として建立される。筑波山徳一が、栃木県矢板市長井字寺山の観音堂を高原原から、その東南麓（現在地）にひき移し、御堂を建立という（矢板市長井寺山観音寺）。

　二年（八〇七）常陸佐竹寺、徳一の草創を伝える。

　三年行方市小幡観音寺は万海上人によって草創され、高棟王の守護仏如意輪観音を本尊とした。

弘仁四年、那須郡那須町伊王野正福寺が徳一開創を伝える。長享元年（一四八七）釈迦堂山から館跡に移り、伊王野氏の祈願寺になった。

	していた徳一と最澄の間に三一権実論争が行われる。徳一は『仏性抄』『中辺義鏡三巻』『慧日羽足三巻』『遮異見章三巻』『中辺義鏡残（箋）二〇巻』『法華要略三巻』『法華肝心三巻』『通破四教章一巻』を著し、最澄に対したとされる。最澄の『法華秀句』に、「短翮が自己の系譜を「道昭・智通・比蘇・（神叡）・義淵」と記し」とあり、徳一は道昭を筆頭とする日本法相宗の正統を自負していた。徳一は最澄の天台教学一乗思想を批判し、法相教学・三乗思想の真実性を主張した。 一〇月二四日、満願没。	徳一の活動＝恵日寺住　「東土恵日寺徳溢法師」（「教時評論」）。 弘仁八年に最澄が論述した『守護国界章』に「奥州会津県溢和上」とあり、徳一は会津県に住していた。
同	八年（八一七）三月には『仏性抄』を陸奥国で書いている。三月六日、広智とともに徳円が下野国大慈寺で、最澄から灌頂を受けている。徳円は下総国猿島郡余戸倉欅郷の人。俗姓刑部稲麿。 九月、常陸国の夷俘の口分田の租免除。一〇月、新治郡の不動倉焼失（『類聚国史』）。	
同	九年（八一八）七月、常陸国など地震、山崩れ谷埋り、百姓圧死。 八月、使者を派遣して、地震を巡省し、賑恤を加える。	
同	一二年（八二一）最澄『法華秀句』を著す。『守護国界章』に、「奥州会津県溢和上」「弱冠去都、久居一隅」とある。	
同	一三年（八二二）六月四日、最澄は大戒独立運動の問題のなりゆきを憂いつつ、叡山中道院で示寂。五六歳。六月一一日、比叡山における得度受戒を勅許される。この年徳一の師修円が興福寺別当職に補せられる（一説に一一年）。	

同　一四年（八二三）正月、筑波の神官社となる（『日本紀略』）。
この年、延暦寺は寺号を許され、天台宗は南都から独立した教団となる。一〇月、空海は東大寺に五〇人の真言僧を専住することを許される。

弘仁年中、このころ、藤原朝臣大津、常陸大掾となる。常陸国戸籍作られる。

天長元年（八二四）六月、常陸守佐伯宿禰清岑ら叙位。
徳一、常陸国へ下向、筑波山寺を開く（『元亨釈書』『本朝高僧伝』）。「天長元年七月廿七日、恵日寺より常陸国に下着す。年七十六。徳一寺を常陸国に御建立。山寺を中禅寺と名づく。云々」。

天長二年（八二五）八月「常陸僧借位伝燈大法師徳溢」（「参議伴国道書」、『天台霞評』一号、『大日本仏教全書』）。

同　三年九月、常陸・上総・上野三国、親王任国となり、賀陽親王、常陸太守となる。

同　九年（八三二）勝常寺本尊薬師如来坐像、日光・月光像などが作られる。

同　一〇年（八三三）七月、義真遷化せんとするにあたり、私に修円に延暦寺座主職を付しようとする。大衆肯んぜず、修円に党するもの五〇余人を擯し、朝廷に訴える。よって右大弁和気真綱をして、その職を止めしむ。修円は大和室生山に移り、承和一年六月一五日寂す（『望月仏教大辞典』）。

承和元年（八三四）六月一五日、修円寂。六五歳。弟子興昭・徳壱・寿

「年七十六」については、天長元年に徳一が恵日寺から常陸国に来た時の年齢、徳一の死亡年齢の両説がある。

天長二年、北茨城市関本中山寺（国境寺）に慈覚大師建立の伝。

同年、小野逢善寺では、逢善道人という木食が創建したという伝承を残す。逢善道人は大杉の下に草庵を営み、八年以上も大悲呪を唱えていたという。

修円は二五年間僧綱を勤め、その間

廣・春徳。寂年は一説に二年)。
同　二年(八三五)空海、高野山で寂。六二歳。
承和年間(八三四〜八五一)伝徳一寂(寂年については『茨城県史　古代編』では承和三年頃とし、同九年ころまでの説がある)。徳一寂後、退潮した法相宗に代わり、最澄の説く安東・安北の境護国のために、北茨城市関本に国境寺中山寺が建立されるという。
同　九年(八四二)一〇月、筑波女神、叙位。高橋朝臣文室麿、常陸大掾となる。
同　一一年(八四四)安慧が出羽国講師となる。出羽国ではみな法相・唯識だけを学び、天台宗を知らなかったが、人びとは国講師安慧に帰依して、法相宗を捨てて天台宗に帰依した(佐伯有清『円仁』。尊経閣文庫所蔵『類聚国史』抄出紙片。『日本三代実録』貞観十年四月三日丁卯逸文参照)。
同　一二年(八四五)正月、藤原朝臣菅雄は常陸介となり、藤原朝臣有貞が権介となる。
嘉祥元年(八四八)正月、時康親王が常陸太守となる。四月、円仁が二荒山を訪れ、経典や仏具を施入し、薬師堂や山王権現等を建立して、比叡山の趣をこの地に移したという伝(「円仁和尚入当山記」)。
同　二年(八四九)四月、久慈郡稲村神が官社となる。
同　三年(八五〇)八月、鹿島神宮寺に僧五人を補する。供僧五人のうち欠員があれば得度を許される。
仁寿元年(八五一)二月、陸奥守藤原朝臣興世が常陸権介となる。

興福寺別当に任じられ、小僧都に補せられている。

塩入亮忠氏は承和九年没説。七六歳。『湯川村史』では承和九年十一月九日寂。徳一の終焉地は耶麻郡磐梯山石椅神社(現磐梯神社)。弟子金耀とともに。

承和年間、南会津郡只見町成法寺に徳一道場の伝。

　三年(八五三)正月、藤原朝臣正世が常陸介となる。
斉衡二年(八五五)五月、地震により東大寺大仏の仏頭落下。常陸国などの神社、祈年・月次・新嘗祭に奉幣。
同　三年一一月、藤原朝臣近主が常陸介となる。一二月、常陸国木連理の瑞祥を奏言。また大洗磯前に神が降る。
天安元年(八五七)二月、木連理などの瑞祥により改元。五月、吉田神叙位。八月、大洗磯前・酒列磯前両神、薬師菩薩が名神となる。
同　二年(八五八)五月、筑波山神に叙位。
貞観元年(八五九)二月、鹿島神宮寺を修理。
同　四年(八六二)七月、河内・信太・鹿島・那賀・多珂五郡、数年にわたる水・旱害や疫病のために庸・調・雑徭を二年間免ぜられる。
同　五年(八六三)八月、吉田神叙位。
同　六年(八六四)一一月、下総国相馬・猿島郡水旱により調庸二年を免ずる。
同　八年(八六六)北茨城市上相田の軍中山音徳寺(浄蓮寺門徒)は六所明神を再興し、将軍地蔵堂を建立という。
同　一一年(八六九)陸奥国海溝地震、津波。
　一二年(八七〇)筑波男神女神・羽梨神、叙位。この年、常陸国旱害、信太・那珂二郡の百姓一二〇〇人が飢饉のため負担を免除される。
　一三年(八七一)二月、筑波男神、叙位。
　一六年(八七四)一一月、筑波神、叙位。一二月、薩都神・天之白

酒列磯前神社(ひたちなか市)――宮司磯前氏先祖は常陸国鹿島郡宮田の郷を領していた宮田高継で、斉衡三年(八五六)一二月、夢の告げにより社司となったと伝える。高継は姓藤原、称宮田氏。宮田は仲麿の弟巨勢麿の子弓主の子、母は常陸国鹿島郡の人。

元慶二年(八七八)「常陸国久慈郡稲村神預之官社、縁水旱之時祈必致感也」とあり、八月二三日正六位上。仁和元年(八八五)五月二二日従五位上。

羽神・天之速玉神、叙位。

元慶元年(八七七)三月、藤原朝臣良尚卒。常陸介春継の子、母は常陸大目坂上盛女。

一〇月、大きな地震。地大いに震い、翌年九月二九日には関東諸国に大震裂が起こり、余震はその後五～六日間続く。

同　二年(八七八)正月、藤原朝臣忠主、常陸介となる。

八月、吉田神叙位、稲村神叙位。九月二九日、関東諸国大地震。

三年(八七九)二月、常陸国などの国司、国内の損田を言上。三月、大震動。

四年(八八〇)一〇月、一二月、大地震。

貞観から元慶にかけて、常陸・下総の地に自然災害や疫病がおこり、さらに俘囚の反乱が発生する。

寛平二年(八八九)藻原・田代の両荘が九世紀末に興福寺に寄進されている。

延長三年(九二五)五月、諸社祈禱、諸寺読経、奉幣諸社使立。一二月、諸国の風土記を勧進させる。常陸国、平将門・興世王らの乱逆を言上。


「藤原菅根等連署施入帳」

同　三年(九四〇)三月、藤原秀郷より将門殺害の申文来る。
同　八年(九四五)九月、大外記三統公忠の貢納参期の勧進に、常陸鹿国とある(『拾芥抄』)。
天治元年(一一二四)東城寺経塚、平致幹を大檀那として、比叡山の寺僧明覚・経暹によって埋経される(東城寺出土経筒銘)。
建保六年(一二一八)三月、八田知家没。七男知勝、父の菩提を弔うた

め出家。解意阿を称す。八男為氏は出家して、筑波山中禅寺明玄となる。

嘉禎三年(一二三七)東城寺祖師堂の広智像造立される。

建長四年(一二五二)八月一四日、忍性は、師叡尊の許しを得て関東に下り、鹿島に詣で、三村寺を拠点に西大寺流律宗をひろめる。

同　五年(一二五三)七月二九日、穴塚般若寺結界石。

同　八年(一二五六)八月、浄土宗然阿良忠の弟子聖忍房良聖が東条荘小野郷で『群疑論見聞』七巻を書写。

正嘉元年(一二五七)『私聚百因縁集』ができる。

弘長二年(一二六二)二月、西大寺叡尊が鎌倉へ入る。三月、忍性、鎌倉へ移り、叡尊の来化を助ける。

同　一〇年(一二七三)千葉県茂原市永興寺の釈迦如来像が造立される。

弘安元年(一二七八)忍性は椎尾山頂に宝塔を建立という。

正応年間(一二八八～九三)会津勝常寺は正応年間に京都御室仁和寺から玄海僧都が下向し、再興して第一祖となる。九代にして廃絶。

元弘三年(一三三三)五月、鎌倉幕府倒壊。建武の新政。

建武二年(一三三五)七月中、中先代の乱。

同　三年(一三三六)一二月、南北朝の内乱はじまる。

正平一年(一三四六)この年までに虎関師錬『元亨釈書』成立。

貞和五年(一三四九＝正平四年)観応の擾乱がはじまる。

正平八年(一三五三)賢智の弟子義憲が長南台談義所をひらく。

応安六年(一三七三)円密院覚叡は権少僧都となり、円密院の所領を三

石岡市若宮、天台宗東耀寺は、天平期以前の創建で、寛文三年(一六六三)の記録によると、天元三年(九八〇)ころは法相宗広大寺と称し、常陸総社の臨時祭を執行したとあり、また永暦一一年(一一七〇)の記録では、もとは真言宗南円寺(かすみがうら市)の末で、寛永年間(一六二四～四四)天台宗に改宗という。

文永六年(一二六九)、佐竹寺、真言宗に改宗。

延文元年(一三五六)ひたちなか市光明寺(時宗)、江戸氏により部田野

位良尊に譲渡。世良田長楽寺に移り了義に師事したのち、永和二年（一三七六）東条荘に移り、小野逢善寺を中興

応安七年（一三七四）香取社海夫注文作成される。小田孝朝、信太荘の社寺に安堵状を下す。

永徳二年（一三八二）一〇月、信太荘下条に律僧が住持。

嘉慶元年（一三八七）宥尊、常陸国小松寺を中興。

明徳三年（一三九二＝元中九年）一〇月、南北朝合一。

応永五年（一三九八）勝常寺修理終る（『会津旧事雑考』）。

応永一二年（一四〇五）中郡雨引山楽法寺裏続きの橋本山に木所城築城。城主太田氏。

同　一五年（一四〇八）一月一八日、野州那須山焼崩れ、同日いおう空より降り、常州那珂いおうに変ず（『神明鏡』）

同　一七年（一四一〇）一〇月四日、常陸国中郡荘犬田の領主は、源頼朝の墓所を濫觴する鎌倉法華堂。

同　二三年（一四一六）上杉禅秀の乱。翌二四年、上杉禅秀は鎌倉雪下で自殺。一〇月五日、長沼荘内の氏憲の所領が没収されて、長沼氏に返与される。

同　二八年（一四二一）光栄は下野長沼談所から常陸国磯部に移り、『血脈相承資見聞』を書写。

同　三二年（一四二五）光栄は、中郡御料所吉所城（木所城）の鬼門除け羽黒権現の別当となる。

永享二年（一四三〇）光栄は磯部稲村神社神宮寺談義所で『止観猪熊

村下宿に創建され、応永三年（一三九六）湊村に移される。徳一作観世音菩薩を所持、毎月一七日観音堂で読経が行われていた。

抄』摩訶止観口伝抄を書写。

同　六年(一四三四)以降『神名鏡』成立。

同　一一年(一四三九)二月一〇日、足利持氏、金沢称名寺で自害。

同　一二年(一四四〇)三月三日、持氏の遺児安王丸・春王丸は上杉憲実討伐のため、中郡木所城で挙兵し、荘内の賀茂社に武運長久を祈願し、祈願成就の暁には郡内一所を寄進する旨の願文を捧げる。安王丸のもとには小田氏の一門熊野山別当朝範、筑波法眼玄朝など持氏恩顧の武将が集まる。

嘉吉元年(一四四一)正月一日、結城合戦。二月一日、結城氏朝は結城郡の神社に対して、田中荘内玉取郷(大穂町)町内の天王神田ほか二か所を安堵し、戦勝祈願をさせている。四月一六日、結城城落城。結城氏朝以下主だった人びとの多くは討死、または生け捕られ、安王丸・春王丸らは、京都へ送られる途中、美濃の垂井で殺された。

六月、将軍足利義教暗殺される。

康正元年(一四五五)六月、足利成氏は古河に移る(古河公方)。

明応元年(一四九二)筑波山中禅寺、宥玄によって真言宗に改宗される。

弘治年間(一五五五~五七)このころ覚成大僧都が京都御室仁和寺より勝常寺に下向。十代を継ぐ。

永正八年(一五八九)

結城寺は結城朝光以後、代々結城氏の外護を得て栄えたが、結城合戦で炎上、焼失した。焼失後、結城寺は同地に再建されることなく、永禄八~九(一五六五~六六)年に、結城氏の一族である山川氏重によって、山川新宿の地に結城寺(清浄蓮華院、新義真言宗)として再建された。

永正八年一一月の地震で藻原の大堂や御影堂などがことごとく破壊。

参考『茨城県史料　古代編』、『茨城県史　中世編』年表

参考文献

岸　　俊　男　『藤原仲麻呂』(人物叢書)　吉川弘文館　一九六三
荻野三七彦　「磐城の薬王寺と金沢称名寺」『金沢文庫研究一〇巻三号』　一九六四
高　橋　富　雄　『みちのくの世界』　角川書店　一九六五
早　川　征　子　「会津における古代仏教―その性格と布教者―」(『日本歴史』二二三)　一九六七
和　島　芳　男　「晩年の忍性と西大寺―四天王寺所蔵の新史料(永仁四年申状案含全文翻刻)によりて―」(『南都仏教』二四)　一九七〇
浅　田　正　博　「徳一教学への疑義―止観論を中心として―」(『印度学仏教学研究』二五)　一九七七
菊地勇次郎　「武士と社寺―常陸佐竹・太田郷における佐竹氏―」(佐々木銀弥編『地方文化の日本史　下剋上の時代の文化』)　文一総合出版　一九七七
司　東　真　雄　「会津・恵日寺の徳一」(『歴史』第五五輯)　一九八〇
末木文美士　「『真言宗未決文』の諸問題」(『湯川村史』第一巻)　湯川村　一九八五
湯川村教育委員会(編)　『湯川村史』第一巻(勝常寺と村の文化財)　湯川村　一九八五
田　村　晃　祐　『徳一論叢』　図書刊行会　一九八六
和　島　芳　男　「常陸三村寺の忍性」(『叡尊・忍性』人物叢書・新装版)　吉川弘文館　一九八八

松長有慶『密教』インドから日本への伝承　中央公論社　一九八九
高橋富雄『徳一と最澄―もう一つの正統仏教―』　中央公論社　一九九〇
真壁町歴史民俗資料館（編）『筑波山麓の仏教―その中世的世界　開館十五周年企画展―』　真壁町歴史民俗資料館　一九九三
森田悌「徳一とその仏教」『日本古代の人と文化』　一九九三
小林崇仁「東国における徳一の足跡について―遊行僧としての徳一―」（『智山学報』四九）　二〇〇〇
小林崇仁「東国における徳一の足跡について―徳一関係寺院の整理と諸問題の指摘」（『大正大学大学院研究論集』二四）　二〇〇〇
高橋富雄『徳一菩薩―ひと・おしえ・がくもん―』　歴史春秋出版　二〇〇〇
小林崇仁「古代における山林修行―徳一・勝道・空海における斗藪を通じて―」（『密教学研究』三三）　二〇〇一
追塩千尋「徳一伝説の意義（大濱徹也編『東北仏教の世界―社会的機能と複合的性格―』）　有峰書店新社　二〇〇五
磐梯町・磐梯町教育委員会（編）『徳一菩薩と慧日寺』　磐梯町　二〇〇五
志田諄一『寺社の縁起と伝説』　ふるさと文庫　二〇〇五
磐梯町・磐梯町教育委員会（編）『徳一菩薩と慧日寺』Ⅱ　磐梯町　二〇〇九

田村晃祐「徳一菩薩の学問と修行」（『徳一菩薩と恵日寺』Ⅱ）　磐梯町　二〇〇九

田村晃祐「東北仏教文化の開創者徳一菩薩について」（『徳一菩薩と恵日寺』）　磐梯町　二〇〇九

由木義文『東国の仏教』　山喜房仏書林　二〇〇九

西谷隆義『霊峰筑波山と徳一大師―知足院中禅寺と筑波山神社』　JPC出版　二〇一二

茨城県立歴史館（編）『筑波山―神と仏の御座す山―』　茨城県立歴史館　二〇一三

根本誠二「古代の筑波山と徳一」（前川啓治編『筑波山から学ぶ―「とき」を想像・創造する』）　筑波大学出版会　二〇一五

根本誠二『天平期の僧と仏―行基・鑑真・道鏡、そして良弁―』　岩田書院　二〇一五

保立道久「藤原仲麻呂息・徳一と藤原氏の東国留住」（『千葉史学』六七）　二〇一五

あとがき

「徳一」について研究を始めたのは、菊地勇次郎先生のご指導のもと、茨城県史中世史部会の調査過程においてであった。

延暦年間、筑波山寺をひらき、筑波・下野・いわき・会津地方を教化し、民衆に仏の教えをひろめた徳一。真言宗の空海から弘通の援助を求められ、天台宗の最澄と宗義上の論争を行った法相宗の僧徳一、天長元年会津から筑波に移り筑波山中禅寺を整備し、平安仏教である天台宗や真言宗に対峙したであろう徳一。こうした徳一教化の跡をたどりながら、東国における仏教の展開を考えてみたいと調査をはじめた。

当時高橋富雄先生が会津を中心に、積極的に徳一の研究を進めておられた。福島県歴史博物館にお訪ねして、徳一の研究をはじめていることを述べ、今後のご教示をお願いした。先生は会津の徳一について熱心に語られたのち、「徳一は私のものだ」と強調された。先生の真摯なご研究の態度に尊敬の念をいだきながらも、お言葉に恐れを感じたことを今でも鮮明に覚えている。研究者にも愛された徳一であったのであろう。しかし昭和六〇年東北大学を退官される際に、「感謝　今は何思ひ残さむ友垣等　集ひめでたく祝ひ送るを」と色紙を届けて下さった。

昭和五七年、『茨城史林』に「常陸における古代仏教―法相宗徳一の東国布教を中心とした―」を報告し、平成二年、『東国における仏教諸宗派の展開』(そしえて)に収録した。

茨城県域では、古くから筑波山域を中心とした徳一について関心をもっている方が多かったが、徳一についての研究が深められたのは比較的新しいように思われる。

平成五年　真壁町歴史民俗資料館編『筑波山麓の仏教――その中世的世界』
　土浦市立博物館編『神奈備の山――山岳信仰と筑波山――』
平成二四年　西谷隆義『霊場筑波山と徳一大師――知足院中禅寺と筑波山神社』
平成二五年　茨城県立歴史館特別展図録「仏の御座す山　筑波山――徳一と筑波山寺・恵日寺――」

こうした中で、昭和六一年に田村晃祐編『徳一論叢』が刊行され、平成二年に高橋富雄師は『徳一と最澄　もう一つの正統仏教』を刊行された。平成一三年に小林崇仁氏は「古代における山林修行――徳一・勝道・空海における斗藪を通じて」、「東国における徳一の足跡について―遊行僧としての徳一―」を報告され、伝承を通じて徳一の実像に迫ろうとされた。続いて追塩千尋氏は「徳一伝説の意義」を通じて南都僧の実態を解明されようとされた。

また近年、東京大学史料編纂所名誉教授保立道久氏が徳一についての研究を送って下さり、会津の研究者と一緒にシンポジュームをやらないかと提案して下さった。徳一の業績を共に語

りあうことは大切なことと思っているが、まだ実現できずにいる。筑波大学名誉教授根本誠二氏とは徳一について話をする機会に恵まれ、ご教示を得、幸いであった。多くの学恩を得たことに深謝申し上げる。

今回の執筆のなかで留意したのは、次の諸点である。

・徳一を藤原仲麻呂の末子と特定したこと。

・延暦年間の徳一の東国下向を、修円の弟子である徳一が室生山寺での修行中に霊験を得て東国に向かったと考えたこと。その背景には師修円が新仏教である天台宗や真言宗に理解を示したことへの法相僧としての反発があったと推定した。

・常陸国には、役行者の跡という八溝山から鷲子山・鶏足山・雨巻山に至る下野国境の山系から加波山・筑波山にわたる嶺々、さらにそれを妙見山に分かれて堅割山・石尊山・高鈴山に至る多賀の峰々には、古代の山林修行にふまえた修験道があり、山林修行中の徳一にとっては理想の地であったろう。

・常陸国には藤原氏の氏神である鹿島社があり、鹿島と筑波は一体であるという考え方があった。常陸に入った徳一は、先ず鹿島に詣で、鹿島の神に許しを得て、仏教弘通の加護を祈ったであろう。

延暦・大同年間の徳一の活動については、外護者を確定できずにいるが、常陸大掾多気義

幹との関係についても考える必要があるのかもしれない。

・会津には藤原氏の荘園である稲川庄があり、また上総・常陸を中心に藤原仲麻呂の後胤・血縁者が政治的にも活躍しており、修行や教化に有利であったろう。

・延暦・大同年間、常陸を中心とした東国では自然災害が多く、農民は疫病と飢餓に苦しんだ。仲麻呂の子としての徳一には仏の教えによって、こうした人びとを救おうという宗教者としての責務があったであろう(天譴思想)。

・天長元年の会津から筑波への下向については、自然災害が多く、人心が不安定ななかで、公からの要請があったのであろうと推定している。

・三一権実論争については、最澄の優位のなかで、最澄の死によって終結したとする一定の評価がある。しかし最澄に対して「伝燈大法師位」が与えられたのは、死の直前、弘仁一三年二月一四日である。徳一も天長二年に「常陸僧借位伝燈大法師徳溢」の位を与えられており、評価には慎重であらねばならないと思っている。

・徳一については最澄と三一権実論争を展開した徳一、空海から真言密教の弘布を依頼された徳一、最澄と論争を行った法相宗の学僧としての徳一が強調されるが、筑波・会津地方での教化にはこうした面よりも、山林修行者としての徳一の教化が強く残っているように思われる。また「麻衣藿食」して仏への道を示した徳一で、「大師」「菩薩」と尊崇され、

「凡そ彼の聖跡に付く者の、必ず利生を蒙り、頭を柢るるの輩、定めて災難を払ひ、二世の悉地を成ずる事、響の声に応ずるが如く、万事所願を満つる事、影の形に従ふが如し」、「得一の建立の寺には、今に雀の入る事無く、誰か得一大師の迹化なりと云ふことを疑はん」といった徳一への信仰もあったように思われる。

●仏教史の転換期に、「僧侶の奢侈を嫌って、粗食・幣衣を恬然《てんぜん》として喜ぶ」といった徳一の姿が見直されているように思う。戒律を重視した高徳な僧、正しい仏教を東国にもたらした僧としての徳一の姿が、今なお人々の中に生きているのを感じている。

大学時代の恩師豊田武先生は、どんな環境にあっても勉強だけは捨てないようにと諭された。本格的な仏教を東国に伝えた徳一のおかげで、八〇代半ばになっても机に向かえる幸せをありがたく思っている。

なお、本書掲載の図版については、茨城県立歴史館・恵日寺・恵日寺資料館・オダギ秀・鹿島神宮・月山寺・後藤道雄・西光院・飛田英世・楽法寺の諸氏・諸機関にお世話になった。深く感謝申し上げる。

また、本書の刊行にあたり青史出版の渡辺清氏には格別のご高配をいただいた。心から感謝申し上げる。

二万年の日本絵画史

宮島新一著

A5判・三六六頁／五、〇〇〇円（税別）

日本絵画史を従来のように外国からの影響という視点ではなく、独自性という観点から見つめ直した画期的な通史。日本の絵画は縄文時代から現代に至るまで、宗教美術と世俗美術とが対立するのではなく、手を携えつつのびのびと展開した。こうした世界でもまれな特質を造形面だけに注目するのではなく、宗教や思想を含めた大きな歴史の中に位置づける。美術史本来の役割の復興を目指す意欲的な書。

青史出版

佐伯有清編

日本古代史研究と史料

A5判・三五二頁／八、四〇〇円（税別）

日本古代史研究の碩学・佐伯有清博士に薫陶を受けた人々による論文集。広開土王碑文を日本にもたらした陸軍軍人・酒匂景信の帰国時期を究明する佐伯博士の論考をはじめ、気鋭の研究者を含む十二編の意欲的論文を収載。これからの古代史研究を開拓する基本文献である。

執筆者＝佐伯有清・篠川賢・外池昇・加藤謙吉・遠山慎一・中川久仁子・関根奈巳・榊原史子・藤井由紀子・榎本淳一・加藤直子・小林真由美

青史出版

正倉院文書論集

西 洋子・石上英一編

A5判・三六八頁／八、四〇〇円（税別）

正倉院文書についての気鋭の研究者による一九編の詳密な論文を収載。古代史・史料学研究に斬新な切り口から迫る本書は、今後の正倉院文書研究の指針となろう。研究者必備の書。

執筆者＝大平聡・須原祥二・栄原永遠男・新井重行・佐々田悠・三上喜孝・小倉真紀子・野尻忠・三谷芳幸・稲田奈津子・田島公・石田実洋・小倉慈司・北條朝彦・馬場基・有富純也・飯田剛彦・丸山裕美子・西洋子

著者紹介

一九三三年　仙台市生まれ
一九五七年　東北大学文学部国史学科卒業
　　　　　東京大学史料編纂所で菊地勇次郎師の指導を受ける
現　在　東北大学国史談話会会員
□　□

主要編著
『東国における仏教諸宗派の展開』（そしえて）
『中世常陸国天台宗の高僧の足跡』（茨城郷土文化顕彰会）
『東国における浄土真宗の展開』（東京堂出版）
『曙光山月山寺　了翁寄進鉄眼版一切経目録』（共著、曜光山月山寺）
『月山寺磯部談義所』（茨城郷土文化顕彰会）

古《こ》代東国《だいとうごく》の仏教《ぶっきょう》
—法相宗《ほっそうしゅう》徳一《とくいつ》の教化《きょうけ》を中心に—

二〇一九（令和元）年一二月二〇日　第一刷発行

著　者　内《うち》山《やま》純《すみ》子《こ》
発行者　渡辺　清
発行所　青史出版株式会社
郵便番号一六二—〇八二五
東京都新宿区神楽坂二丁目十六番地
MSビル二〇三
電　話　〇三-五二二七-八九一九
FAX　〇三-五二二七-八九二六

印刷所　株式会社三陽社
製本所　誠製本株式会社

ISBN 978-4-921145-68-2 C1015

索　引

1　寺社名

あ　行

か　行

さ　行

た　行

な　行

は　行

ま　行

や　行

ら　行

わ

2 人 名

さ 行

た　行

な 行

は 行

ま　行

や　行

ら　行

わ

3　研究者

徳一伝承寺社表

茨城県

寺　院	所　在	宗派	開創・年代など	備　　考
1 中山寺	北茨城市関本町福田	天台宗	徳一	国境寺。「高 5 石。別当中山寺。開基台家徳逸大師也」。
2 長福寺	北茨城市磯原町大塚	真言宗豊山派	徳一開基(大同 2 年)	天文 16 年(1547)海隆中興。本尊延命地蔵尊。大塚山清浄院。廃寺になった近くの西明寺(廃寺)に蔵されていた持国天立像と増長天立像(県指定文化財。なた彫り。平安末ヵ)が本尊の両脇侍となっている。
3 西明寺(千手院)	北茨城市磯原町大塚	(眞言宗)破却	徳一	徳一大師観音開山。延徳 3 年(1491)宥正別当。寛文 3 年(1663)破却。
光明院	北茨城市関南町		徳一開基	廃寺。
般若寺	北茨城市関南町		徳一開基	廃寺。
4 千手観音堂	北茨城市中郷町粟野		徳一開基	千手観世音堂の観音は徳一大師作。日棚村堂平(中郷町日棚)にあったのを移すと伝える。 修験千手院は静大明神(八幡宮)と千手観世音堂の別当を務めた。(修験泉蔵坊は長谷村密蔵院同行)。
5 遍智院	高萩市下手綱	真言宗	徳一	千手観音。廃寺ヵ。
6 本泉寺	常陸大宮市野上	浄土真宗本願寺派	徳一作阿弥陀如来	宝治 2 年(1248)唯円開基。
7 西光寺(跡)	常陸太田市下利員	真言宗	徳一	田谷山医王院。本尊薬師如来。藤原仲麻呂の子が出家し，徳一となり，諸国遊行の折，ここに一宇を建て，薬師如来を安置し，のち佐竹昌義の第 3 子・利員城主義隆の祈願所になった(寺伝)。

14　徳一伝承寺社表

寺　院	所　在	宗派	開創・年代など	備　　考
				『水戸藩開基帳』に，「筑波山寺徳一大師令伝聞来」とある。 本尊薬師如来は平安時代の作で，県指定文化財。廃寺。
8 薩埵寺	日立市宮田町	真言宗	徳一	廃寺。 藤原巨勢麻呂の裔三河介通好が住し，宮田氏を称したと伝え，通好3代通煕のとき故あって介川村に移った。西尾山長善院。 寛政9年鐘銘に「筑波山徳一所創」とあるが，この法灯は長く続かず「のち修験僧居之」とあり，天文・弘治年間(1532〜58)に乗宥によって再興されたという。
9 泉福寺	日立市小木津		徳一開基	薬師如来。 小木津は古代の道口郷。義家の伝説。 永正7年(1510)満補中興。
10 如意輪寺	那珂郡東海村照沼	真言宗豊山派	徳一開基	「如意輪寺由緒」によると，延暦10年(791)田村麻呂が東夷征伐の時，この地の庵舎にいた徳逸と幽義を論じた。徳逸の偉徳に帰依した将軍は，持仏如意輪観音を本尊とし大同年中に寺院を建立したという。天保年間に廃寺となる。
11 佐竹寺	常陸太田市天神林	真言宗豊山派	徳一開基(大同2年)	妙福山明音院。本尊十一面観音。 寛和元年(985)花山天皇の勅願で元密が堂宇を建立。 永延2年(988)明音院の勅額を下賜される。 はじめ鶴ヶ池北の洞崎《ほらざき》(稲村神社の北山)にあり，観音寺を称していた。 真言宗改宗は文永6年(1269)。 鎌倉時代は佐竹初代昌義の帰依により寺領300貫の地を与えられ，代々佐竹氏の菩提寺として外護さ

				れた。 寛文3年(1663)の開基帳に，「当寺本尊十一面観音坂東巡礼札所廿二番也。開者人皇六拾五代花山院御宇寛和元乙酉年徳謚大師之御建立。当卯ノ年迠六百七拾九年。佐竹寺者観音山弐拾□にて有之一節竹一本出生，依之号佐竹寺(中略)門徒弐ヶ所檀那三拾弐人」と記され，本寺は京都醍醐報恩院。
稲村神社	常陸太田市天神林町			久自《くじ》国造に物部連の祖伊香色雄命3世孫船瀬足尼が任命されたとき太祖饒速日尊を祀ったといい，天神とも，また神鏡が7面祀られていたので七代天神と称したともいい，また日本武尊が東征の際に，この地に天神7代の霊を祀ったともいう。 『続日本後紀』の嘉祥2年(849)4月7日条に「常陸国久慈郡稲村神預之官縁，水旱之時祈必致感也」とあり，水旱に霊験があったことが知られる。 元慶2年(878)8月23日条に「授常陸国正六位上稲村神従五位下」とあり，仁和元年(885)5月22日条では従五位上が授けられていた。 「延喜式神名帳」久慈郡7座のうちの小社。
12 長谷寺	常陸太田市長谷町	真言宗	徳一開基	上入野小松寺末。高貫山の内堂平観音別当。 寛文6年廃寺。 長谷神社南の蒔田山長谷寺は本尊十一面観音。 寛文3年の「開基帳」と『新編常陸国誌』によると，長谷寺を相続。 本山派聖護院末で，多賀郡と久慈郡と那珂郡の北半分の霞を認められ，年行事常福寺村の南窓院，同

寺　院	所　在	宗派	開創・年代など	備　　考
				真弓村の徳善院などを従えて128か院坊を支配した。 大平山普門院。院内に威福院。小松寺末真言寺院。
満願寺	東茨城郡桂村		徳一開基	廃寺ヵ。
13 壁面観世音	東茨城郡桂村孫根観世音		徳一	徳一作十一面観音磨崖像。「観世音村」。 那珂右岸の西部山麓地帯。 「水府志料」に「古より此辺を観世音と呼び，惣名は孫根にてありしを此村の内岩壁に一の石窟あり，方6尺ばかり，中に十一面観世音を彫付たり。徳溢上人の刻む所と云伝ふ。村名これに起ると云。徳溢は桓武帝の時の僧にして，延暦中，筑波を開山せしと云」とある。 『新編常陸国誌』には，「旧孫根村ノ中ナリシガ，其地ニ六尺許ノ石窟アリテ，十一面観世音ノ像ヲ彫レリ。因テ其辺ヲ観世音ト呼ブ」とある。
14 光明寺	ひたちなか市泉町	時宗	徳一作観世音	本尊阿弥陀如来。 延文元年(1356)遊行9代白木が部田野下宿に創建(時宗)。応永3年(1396)湊村に移る。 「水門志」に，「正観世音1像丈ヶ2尺許り，徳逸法師ノ作ナリ」「徳溢法師ハ藤原押勝ノ四男ナリ」と記す。正観世音堂では毎月17日の夜に参詣があり，7月10日は四万六千日の功徳報と称して終夜読経が行われていた。 明暦3年(1657)徳川頼房の命で現在地へ。 明和2年(1765)水戸藩主が観音堂へ拝礼。

15 華蔵院	ひたちなか市栄町	真言宗智山派	徳一作薬師如来	本尊大日如来。 応永22年(1415)小松寺有尊の弟子宥待が中興。 徳一大師作薬師如来を「8月8日開帳」(『那珂湊町史資料集』第四集)とある。 酒列磯崎神官社の天正8年3月平磯村磯前大神宮再興棟札に「遷宮導師花蔵院宥雄」とある。 前寺は勝田村三反田と東茨城郡奥野谷の2説あり。現在地は那珂川入口に近い崖下。
16 酒列磯崎神社	ひたちなか市磯前町			天安元年(857)8月，酒列磯前神社，大洗磯前，酒列磯前神，官社(『文徳実録』)。 天安元年10月，大洗磯前，酒列磯崎両神，薬師菩薩明神。 延喜式 臨時祭 名神祭285座 酒烈磯前薬師菩薩1座。 那賀郡7座 酒烈磯前薬師菩薩神社 名神大。 天正8年(1580)3月棟札。大檀那藤原重通。遷宮導師花蔵院宥雄。 明治41年11月，「祖先由緒録」に，「磯前氏先祖磯前氏一常陸国鹿嶋郡宮田の郷を領していた宮田高継，斉衡3年12月夢中のの告げにより社司となり」とある。 高継は姓藤原称宮田氏。宮田は藤原仲麻呂の弟巨勢麿の子弓主の子。母は常陸国鹿島郡の人。
17 東耀寺	石岡市若宮1町目	天台宗		養老5年(721)舎人親王開基。 中世に一時真言化。古称広大寺。 天元3年(980)ころは法相宗広大寺と称し，常陸総社の臨時祭を執行したこともあり，永暦11年(1170)ころの記録では，もとは真言宗南円寺(出島)末で，寛永年間天台宗に改宗という。

寺　院	所　在	宗派	開創・年代など	備　　考
18 薬王院《やこういん》	石岡市小幡（八郷町小幡）	真言宗豊山派	徳一開基	江戸時代は寛永寺直末。 筑波北面薬師。十三塚山寺の薬師。 正倉院宝物「馬鞍腹帯墨書銘」（天平勝宝4年〈752〉）に「常陸国茨城郡大幡郷小主大田部馬麻呂調壱端」とある。 大幡郷。「将門記」にある弓袋山（現湯袋峠）も真壁郡境にあり，真壁から常陸国府に通ずる道が古くから開けていたと思われる。 貞享2年鐘銘には，「常州新治郡小幡村山寺の霊仏は，往昔行基菩薩開地作像，従爾霊威益新，道俗信之，衆檀焉之，云々」とある。 中世は小田氏の一族が小幡氏を名乗って当地を支配した。
19 東光寺	石岡市菖蒲沢	真言宗	徳一	筑波東面薬師。菖蒲沢の薬師様。 筑波山不動院。 隣接する小野越に小野小町と伝える北向き観音がある。
20 西光院（峰寺山）	石岡市吉生	天台宗	徳一（大同2年）	大同年間（806〜810）。中世に真言，のちに天台化。県指定文化財。 十一面観音立像。像高532.0 cm。立木仏。製作年代は12世紀。 もと「清水寺」の古称があったという。本尊馬頭観音。 中世は税所氏，戦国末は佐竹氏の支配。 峰寺本堂は安永6年（1777）の火災で焼失し，寛政3年（1791）に再建された。 懸け造りの本堂は露出した巨岩を祀ってつくられたもので，もとは山林修行僧が建立した山坊であったろう。 寛政6年鐘銘「山名長峯，寺號峯寺，繇大同年中徳一大師，感観音

				大士霊像，于巌石上，創建精藍，学傳法相，慧燈久輝，時遭離乱，寺罹兵火，云々」。縁起にも法相宗徳一の寺とあり，平安時代に入ってから天台宗僧侶の山林修行の場として，この地域の山岳信仰を担ってきたと考えられる。国分寺の僧たちの行場としての機能を担う山林寺院であった可能性。 慶安 2 年(1649)「當山法則」によると，毎月 3 日・18 日に護摩修行を行うこと，毎月 17 日護摩修行を行うこと，国家安全・百穀豊饒を祈願することが定められていた。
21 長谷寺(立木山高照院)	石岡市吉生		徳一開山	西光院のある峰寺山の山麓に位置。峰寺の立木仏十一面観音像は長谷寺の本尊。 峰寺西光院と立木山長谷寺をセットとして徳一の教化を考えることができよう。
22 加《か》波《ば》山《さん》三《さ》枝《え》祇《なずみ》神社《じんじゃ》本宮	桜川市真壁町長岡		徳一(登山)	加波山の山頂に本宮・新宮が鎮座し，西麓にその里宮がある。 貞観 17 年(875)12 月 27 日条に「授常陸正六位上三枝祇神，従五位下」とある三枝祇神が当社とされる。 「大同年中。徳一和尚登㆓此山㆒，拝㆓本地薬師・弥陀・釈迦三尊㆒，現㆓石面矣㆑と、大同年中徳一が加波山に登山の記載があった。(出典亡夫)。 社伝によると，天慶の乱で兵火に遭い天文 15 年(1546)に真壁氏が再建した。 神仏混淆の色濃い神社で，加波山権現とも称し，寛文 5 年の朱印状で，長岡村のうち 100 石を有していた。

寺　院	所　在	宗派	開創・年代など	備　　　考
23 筑波山中禅寺	つくば市筑波町筑波	真言宗豊山派	徳一開基	本宮の別当は真言宗の正幢院，親宮は同じく円鏡院が勤めたが，明治初年の神仏分離で両寺は廃寺となる。 延暦元年(782，大同年間とも)。 天長元年(824)「天長元年7月27日，自恵日寺下着常陸国。年76。徳一寺常陸国御建立。山寺中禅寺」(『南都高僧伝』)。 前年弘仁14年(823)正月，筑波神は「霊験著しきをもって官社となる。 中禅寺(本尊千手観音)を中心に四面薬師を配す。 現在の大御堂が中禅寺跡と考えられている。 筑波山神社境内から「上院」と記された墨書土器が発見され，「上院」と呼ぶ建築物があったであろうと考えられている。 西の峯である男神は，古くから山林修行の場で東の峯である女神は，春秋に男女が妻問いをするかがいの場と考えられていた。しかし東峯から奈良時代の花弁双蝶八花鏡が出土し，興福寺の花弁双蝶八花鏡と同じ形であることから，徳一時代のものであろうと考えられており，東峯にも徳一教化の跡を想定する必要があるように思う。 忍性教化の影響があったと考えられるが，その足跡を明らかにすることは困難である。 応永元年(1394)元海(源海)が天台宗に改宗。
24 普賢院	信太郡美浦村信太	天台宗	徳一開基？	本尊は阿弥陀如来。

25 常福寺	土浦市下高津	真言宗	徳一	びんずるに徳一の伝え。本尊薬師如来。
26 常福寺	土浦市手野	真言宗	徳一(大同2年)	
27 観音寺	筑西市中舘	天台宗	徳一開基(大同元年)	徳一が刻んだ不動・毘沙門を本檀の左右に安置した。 この寺の延命観音は，用明天皇の代に梁国伝来の化人法輪独守居士が安置したもので，武州義烏県の塔の下に化生，自ら観音の像を彫り，日本に渡来し，伊佐中村の地に着き，天の告げに任せて尊像を安置したもの。
28 東城寺	土浦市東城寺	真言宗(単立)	徳一開基	筑波南面薬師。本尊薬師如来。 東城寺経塚(保安3年〈1122〉，天治元年〈1124〉の銘)。 常陸大掾平致幹を大檀那として天台化か。 嘉禎3年(1237)広智上人坐像。 建長5年(1252)忍性が結界。 平安時代前期の，国分寺瓦と同笵の瓦が出土，国分寺の僧が山林修行する際の山岳寺院であった可能性が指摘されている。
29 清滝寺	土浦市小野	真言宗豊山派	徳一開基(大同年間)	はじめ竜ヶ峰に建立されたという。のち観音に移り，天正元年(1573)佐竹・小田氏の戦乱で焼失。 享保年間(1716～36)現在地に再建された。
30 観音寺	潮来市上戸	真言宗豊山派	徳一	「水戸藩開基帳」に，「はじめ筑波山別当徳一によって尾之詰の台地に創建されたが，のち現在地に移された」とあり，移建は，康永2年(1343)内蔵人(藤原国安)取りたてによるとある。 『常陸国風土記』には榎浦津駅家から常陸路に入った浜駅使《はゆまづかい》が，まず口と手を洗い，東に向いて香島の大神を拝したとある。

寺　院	所　在	宗派	開創・年代など	備　　考
				また鹿嶋神宮参拝のための板来駅を特別に設置(弘仁6年〈815〉廃止)しており，創建地は鹿島への参拝の道筋になっていたと考えられ，徳一の教化に鹿島の関係を考える上で注目しておきたい。 『潮来町史』では国府から鹿嶋神宮にいたる行方郡の郷里に，鹿島・香取の神子《みこがみ》の社が多いことを指摘している。
31 楽法寺	桜川市本木	真言宗豊山派	徳一	本尊観世音菩薩。 楽法寺像は，徳一影響下の造像と考えられており，会津勝常寺十一面観音立像などに同じ形式のものがみられる。 観音菩薩立像(寺伝　延命観音)，像高156.5 cm。 もとは雨引山延命寺地蔵院と小瓦山楽法寺阿弥陀院の2院があり，別山。中ごろより一山となり，雨引山楽法寺を称する。 この観音菩薩立像は山林寺院として観音堂に安置され　延命寺は観音堂を中心に維持され，のち楽法寺が観音寺別当となる(後藤道雄『茨城彫刻史の研究』)。 楽法寺は徳一のひらいた山林修行の場であり，友部石守寺などと交流があったと考えられる。
32 祥光寺	桜川市本木	臨済宗建長寺派	徳一開基	本尊阿弥陀如来は県指定文化財。
33 法蔵院	桜川市犬田	真言宗	徳一開基	弘仁元年(810)京都の公家藤原薬子の臣賀沢三学が犬田村東山堂平に建立した観音堂には徳一大師作仏像3体があったが，たびたびの野火で焼失。仏像は法蔵院に移さ

				れたという。
34 薬王院	桜川市真壁町椎尾	天台宗	徳一開基	筑波西面薬師。 延暦元年(782)最仙により天台宗に改められる。 天長2年(824)慈覚大師円仁が再興し，談義所となる。盛期には44坊を有したという(伝)。 鎌倉時代，建長4年(1252)小田氏の帰依を受けて西大寺流真言律をひろめた忍性によって中興された。のち天台宗に復帰した。
35 小山寺	桜川市富谷	天台宗		聖武天皇と行基の伝承。 本尊十一面観音立像(富谷観音，県指定文化財)。 無畏山宝樹院長福禅寺の別称がある。 結城氏の重臣多賀谷朝経が寛正6年(1465)三重塔を建立。 最盛期には観音堂のほかに釈迦院・文殊院・不動院・多聞院・如法堂房・桜本房などの36院が整備され，3重の塔が建立されていた。
36 薬王寺	桜川市青木	天台宗	徳一創建(大同3年)	
37 月山寺	桜川市西小塙	天台宗	徳一創建(延暦15年)	天台宗改宗は応永28年(1421)，光栄による。 徳一像蔵(室町時代)。 本尊薬師如来像(鎌倉時代，県指定)。 月山寺の元寺の所在地中郡橋本や友部には徳一伝承があり，雨引山に続く道がひらけていたようである。 応永28年，長沼宗光寺で修行した光栄によって磯部に磯部談所がひらかれる。 光栄は中郡庄橋本にも拠点をもち，中郡総代官大田氏の帰依を受けて

寺　院	所　在	宗派	開創・年代など	備　　　考
				いた寺(耀光寺か)が光栄によって天台宗に改められている。周辺の人びとは「法相宗光栄」として認識しており，天台宗であることを知らなかったという。 応永32年(1425)までに徳一が開いた月山寺の地・中郡橋本(岩瀬上城)を中心に加茂部の鴨大神御子神主主玉神社(別当普門院)なども天台化した。 3世光順は文明17年(1485)寺内で錫杖を振るのを禁じている。 月山寺は慶長7年中興恵賢が朱印地を拝領。翌年橋本から磯部に移り，談所となっている。菩提寺的要素は橋本に残る。
38石守寺	桜川市友部	(天台宗)	徳一開基(延暦年中)	本尊薬師如来は徳一作。 中世は栃木県長沼宗光寺の末で，天台宗談所。 『一乗拾玉抄』に雨引山との往来を示す記事あり。 近世は宗光寺末として木植の宝蔵院・曽根正泉院・松田常楽寺を配下におき朱印地5石。 文政年間に月山寺の末となる。醫王山金縄階道院。現在廃寺。 叡山文庫天海蔵『倶知常住』奥書天文16年(1547)「霜月大師講之用意書之畢。仲郡石守寺居住之砌，宿坊松田不動院，小田西宿伊勢」。 『一乗拾玉抄』巻六・法師功徳品―「又常州中郡庄ニ石守寺ト云談所あり，住持ニ祐海ト申人馬ニ乗テ雨引山ノ麓ヲ通リ玉フ時，馬ガ大気ヲツイテアラ苦シヤト申ス，コノ声ヲ聞テ，一期ノ間，馬ニ乗玉ハザル也」。

39 普門院	桜川市加茂部	天台宗	徳一開基（徳一作薬師如来像）	普門院は，結城合戦で足利持氏の遺児安王丸・春王丸が武運長久を祈願した加茂社の別当。
40 養福寺	笠間市大田町宍戸	天台宗	徳一開基（宝亀 8 年〈777〉）	本尊十一面観音。 弘仁 3 年(812)円仁が本堂・山門建立。 北山不動尊。
41 如意輪寺	笠間市上市原	天台宗	徳一開基（宝亀 8 年）	徳一が明星院として建立，法相教学をひろめたという。 弘仁 6 年円仁が中興，如意輪観音を安置。
42 東性寺	笠間市手越	真言宗豊山派	徳一開基（大同 2 年）	本尊の十一面観音像は室町時代の作と推定され，元和 5 年(1619)に安置された。

千葉県

寺　院	所　在	宗派	開創・年代など	備　　考
道鏡寺	長柄郡山之根郷（長生郡長柄町山根）		日蓮宗道脇寺	多数の天海蔵「道脇寺本」を所蔵していた寺。 道脇寺とも。道脇寺はもと天台宗で，高師村(現茂原市)生まれで，道脇氏の一族という安然の開基を伝える。 往古は広大な寺域と七堂伽藍を誇り，100 坊を擁したと伝え，大山崩れで埋没したという(「五大院安然旧跡書」叡山文庫)。 弓削道鏡が開き，はじめ道鏡寺と号したという所伝もある(『千葉県の地名』)。
永興寺	茂原市三ヶ谷《さんけや》大門	天台宗		木像釈迦如来立像の胎内願文(文永 10 年〈1273〉)6 月 18 日願文に「上総国三ヶ谷郷　永興寺」とあり，釈迦如来像は，清凉寺式。 胎内文書は写経と願文で，文永 10 年 6 月 18 日から 7 月 14 日の年紀があり，写経は法華経・般若

寺　院	所　在	宗派	開創・年代など	備　　　考
				経・願文には尼のものもあるが，納入者を藤原一族とする説もある(『千葉県の地名』)。

群馬県

寺　院	所　在	宗派	開創・年代など	備　　　考
西光寺	前橋市上佐鳥町	天台宗	徳一開基(弘仁年中)	小林崇仁「東国における徳一の足跡について」 追塩千尋「徳一伝説の意義」 弘仁年間の開創。天台化は応安年間(1368〜75)以降。 本尊阿弥陀如来。 境内に興福寺領。 天台化は応安年間以降。 境内に春日社勧請。興福寺領。 隣接した広瀬町広瀬川右岸の天神山古墳は，畿内勢力との密接な関係を保持しつつ成長した一大首長の墳墓として注目されている。 隣接した広瀬町広瀬川右岸の天神山古墳は，畿内勢力との密接な関係を保持しつつ成長した一大首長の墳墓として注目されている。

栃木県

寺　院	所　在	宗派	開創・年代など	備　　　考
寺山大慈閣(寺山観音)	塩谷郷泉村	真言宗	徳一(大同元年。千手観音)	寺山大慈閣，明林寺。『栃木県史通史編 2』。 『下野国誌』塩谷郷寺山村(矢板市長井字寺山)の寺山大慈閣。 「開山徳一僧都。本尊千手観音，行基菩薩の作にて座像なり」。 往古は法相宗にて山上にありける

				を，いつの頃にか麓に移したりとて山上に旧地あり。今は真言宗の檀林にて，京都光台院末なり」。
観音寺	矢板市長井寺山	真言宗智山派	徳一	与楽山大悲心院。本尊は千手観音(＝寺山観音)。神亀元年(724)行基が高原山剣が峰が峰の麓に法楽寺を建立し，千手観音ならびに不動明王・毘沙門天の両脇侍を安置したが，延暦22年(803)雷火により観音堂を残し焼失したという。剣が峰の西下に法楽寺があったという観満平，その奥院があったという寺の在所という地名が残る。天明2年(1782)の観音寺縁起によると，大同元年(806)筑波山の徳一が観音堂を高原山よりその東南麓(現在地)に引き移し，御堂を建立したという。その時牛畜が石と化し，現在長井よりの入口にある牛石になったという。平安末には塩谷の豪族堀江氏より寺領寄進を受け，菩提所とした。正治2年(1200)に源頼朝菩提のために行縁が入寺し。堂宇を修理復興した。本尊の木造千手観音像，脇侍の木造不動明王像・毘沙門天立像は弘仁期(810～824)末の作で，国指定重文(『栃木県の地名』)。
正福寺	那須郡那須町伊王野古町	真言宗智山派	徳一	雨宮義人の指摘による。 弘仁4年(813)正福寺は徳一開創を伝え，長享元年(1487)釈迦堂山から館跡に移り，伊王野山寺の祈願寺になったと思われる(『栃木県の地名』)。
龍興寺	南河内郡河内町龍興寺		徳一観音像(境外仏堂)	銅造誕生釈仏立像　総高11.2m。像高7.2m。 奈良時代(8世紀)。栃木県指定文化財。 『特別展　東国の古代仏教――寺

寺　院	所　在	宗派	開創・年代など	備　　考
下野薬師寺(跡)	河内郡南河内町薬師寺寺山	真言宗智山派		と仏の世界』(茨城県歴史館)。 下野薬師寺の近くに伝来したもの。 龍興寺は下野薬師寺の関連寺院として知られており，境内には道鏡塚もあるほか境外仏像には徳一作の伝承をもつ観音像が存在する。 現，跡地内に安国寺，南方に龍興寺。 嘉祥元年(848)11月3日，太政官符「天武天皇建立也」。 下野国を本拠とする豪族下毛野朝臣古麻呂が祚蓮を開山として創建した氏寺。 (結城廃寺も祚蓮を開山) 天武天皇の東国経営への関心と古麻呂の中央政権における政治力を背景に7世紀後半に官寺となる。 奈良時代に財政的基盤が整備される。 天平勝宝6年(754)11月，薬師寺僧行信が配流。 宝亀元年(770)8月21日，道鏡が「造下野薬師寺別当」として実質的に流罪となっており，当寺は特別な役割を担う官寺となっていたと考えられる。 天平宝字5年(761)とされる鑑真将来の登壇受戒の作法に基づく戒壇設立と受戒の勤修。 以後，坂東10国の得度は下野薬師寺で行われており，奈良東大寺と筑紫観世音寺とともに本朝三戒壇を有する寺として公認された。

福島県については，小林崇仁氏「東国における徳一の足跡について――徳一関係寺院の整理と諸問題の指摘――」(大正大学大学院研究論集第24号平成12年)，追塩千尋

氏「徳一伝説の意義」『東北仏教の世界 2000 年 3 月――社会的機能と複合的性格』大濱徹也編に詳述されている。

茨城県略図
福島県
栃木県
埼玉県
東京都
千葉県
大子町
久慈郡
北茨城市
高萩市
常陸太田市
日立市
常陸大宮市
東茨城郡
城里町
那珂市
那珂郡
東海村
ひたちなか市
笠間市
水戸市
桜川市
大洗町
東茨城郡
茨城町
筑西市
結城市
石岡市
小美玉市
八千代町
結城郡
下妻市
古河市
鉾田市
猿島郡
五霞町
境町
坂東市
常総市
つくば市
土浦市
かすみがうら市
行方市
鹿嶋市
稲敷郡
阿見町
美浦村
つくばみらい市
牛久市
守谷市
稲敷市
潮来市
取手市
龍ヶ崎市
河内町
稲敷郡
神栖市
利根町
北相馬郡